FUERA
—— DEL ——
BASURERO

UNA HISTORIA REAL DE CÓMO SUPERAR LAS LIMITACIONES

DR. REGGIE R. PADIN

Bayview Press

Fuera del Basurero: Una Historia Real de Cómo Superar las Limitaciones Derechos del Autor © 2017 Dr. Reggie R. Padin. Todos los derechos reservados. Este libro o porciones no pueden ser reproducido sin el permiso escrito de su autor.

Las referencias bíblicas fueron tomadas de la Versión Reina Valera, revisión 1960 © Sociedades Bíblicas Unidas – a menos que se haga otra indicación.

Bayview Press
Miami, FL
Derechos reservados

Para contratar al Dr. Reggie R. Padin, visite **www.reggiepadin.com**.

PRIMERA EDICION

Library of Congress Cataloging-in-Publication Data has been applied for.

ISBN-10: 0-9986414-0-5

ISBN-13: 978-0-9986414-0-9

DEDICATORIA

Para mis hijos, Reggie, Michael, Lindsy, y Ryan, quienes han sido mi combustible, mi fortaleza, y mi inspiración para salir de cada uno de los basureros que he enfrentado en mi vida. Los amo con todas mis fuerzas.

EXPRESIONES DE GRATITUD

El poder superar los obstáculos personales comienza dentro de uno mismo, pero no termina ahí, también proviene de personas que nos aman y quieren lo mejor para nosotros. A todas las personas que me han inspirado, motivado, desafiaron, enseñaron y me ayudaron en esta jornada, sobre todo a mi familia – mis hijos; mis queridos padres, Ramón y Carmen; mi bella hermana Linda; mi difunto hermano, Javier; a todos mis sobrinos; mis tíos y primos; y mis mentores, entrenadores, socios, amigos y compañeros de trabajo que me apoyaron mientras pasaba largas horas de estudio y trabajo.

Gracias por dejarme llegar más allá de le que pensaba; gracias por ser parte de este sueño logrado.

"Oye, Adrián, lo logre!"

A lo largo de este viaje fuera de el basurero, he tenido, como Rocky Balboa, una "Adrián" en mi vida, mi esposa de 27 años, Carmen, una persona que me ha enseñado directa e indirectamente a ser un mejor padre, hijo, abuelo y ser humano. Estoy eternamente agradecido. Gracias por todo, mi amor. "Oye, Carmen, lo logre!"

Por último, a todas aquellas personas que han sido y serán mis estudiantes, aprendices, y socios en futuros sueños quiero decirles: Las limitaciones son solamente una ilusión. Ustedes son ilimitados en su propia capacidad para lograr todo lo que se propongan. Enfóquense en sus objetivos. Haga sus sueños realidad. Todo lo que necesitan para lograr el éxito se encuentra dentro de ustedes en este mismo momento.

CONTENIDO

INTRODUCCION	7
MOMENTOS EN EL BASURERO	13
CAMBIO DE MENTE	27
LA GRAN DECISION	47
YO PUEDO: EL PODER DE LA AUTOESTIMA	61
ENFOCADO EN LA EJECUCIÓN	77
ENFOCADO EN EXCELENCIA	89
MANTENIENDO EL IMPULSO	101
RESISTENCIA	113
MENTORES, SOCIOS, Y "ENTRENADORES"	121
AYUDANDO A QUE OTROS SALGAN DEL BASURERO	135
CONCLUSION	143
SOBRE EL AUTOR	147

INTRODUCCION

"El tomar control de aquellas cosas que nos limitan es la clave para elevarnos por encima toda limitación…"

Una de las preguntas que siempre me hago cuando enfrento un problema, obstáculo, o dificultad es: "¿Qué vas a hacer al respecto?" Cuando llegan las limitaciones a nuestras vida, existe la tentación de en vez preguntar: "¿Por qué siempre a mi me pasa esto?" "¿Por qué ahora" "¿Cuando llegara mi suerte? " "Cuando llamarán mi número? " El problema con esta clase de interrogativas es que no resuelven nada. Nos mantienen en el mismo lugar que nos limitan.

Sin embargo, en lo personal, cuando identifico algún tipo de limitación que me impide el logro de mis objetivos, en vez de hacerme preguntas que no logran absolutamente nada, que no me impulsan hacia mi meta, tomo la decisión de cambiar esos pensamientos negativos, por pensamientos que me ayuden a solucionar y superar esas limitaciones.

 Ahora, para ser honesto, la verdad es que ese no siempre fue el caso. Tuve que condicionar y entrenarme mi mente y mis pensamientos. Hubieron veces cuando me tomaba meses en poder cambiar mi manera de pensar, porque estaba tan acostumbrado a pensar y actuar negativamente. En otras palabras, me auto-enterraba en las mismas limitaciones que primero solo existían en mis pensamientos.

Gracias a Dios, hoy no necesito tanto tiempo. Cuando llegan los problemas (porque siempre llegan), comienzo a buscar la solución, siempre acondicionando mi mente con afirmaciones positivas y llenas de fe. Me recuerdo a mi mismo – "Reggie, tu as salido de situaciones peores que esta!"

HE APRENDIDO CON EL TIEMPO QUE LO ÚNICO QUE PUEDO CONTROLAR SON MIS PENSAMIENTOS Y MIS SENTIMIENTOS.

La noción de que podemos controlar nuestros pensamientos y sentimientos, y que podemos tener control sobre nuestras vidas, es ajeno a muchas personas. Es por eso que, desafortunadamente, muchos vivimos como víctimas de la suerte y circunstancias, sin darnos cuenta que siempre podemos hacer algo acerca de nuestra situación. Mientras gocemos de la bendición Divina de la vida, siempre podemos encontrar una solución.

Simplemente, lo que necesitamos es aprender "las reglas del juego" que muchos ya han aprendido y ponerlas en practica para alcanzar el éxito. Necesitamos un cambio de mente y un plan de acción que nos encamine en una nueva dirección.

En esencia, la pregunta: "¿Qué vas a hacer al respecto?" tiene que ser lo que nos motive a hacer un cambio radical en nuestras vidas. Debe convertirse el arma que usamos para resolver esos problemas que enfrentamos, y el combustible que utilizamos para lograr nuestros objetivos.

EL TOMAR CONTROL DE AQUELLAS COSAS QUE NOS LIMITAN ES LA CLAVE PARA ELEVARNOS POR ENCIMA DE TODA LIMITACIÓN, YA SEA AUTOIMPUESTA O QUE VENGAN DE OTROS.

Mi historia es muy sencilla y quizás parecida a la de muchos de ustedes. Cuando joven, cometí el error de creer que no necesitaba una educación formal y decidí darme de baja. Pensaba que no quería recibir instrucción de escuelas que, muchas veces, menospreciaban a niños Latinos como yo. Por lo tanto, la dejé. Me alejé. Este simple acto fue el comienzo de mi descenso al basurero; una decisión que me llevo por un camino de frustración, pobreza, y vergüenza.

Tengo que admitir, tuve la fortuna de despertar a tiempo y darme cuenta de que aquella decisión, tomada en frustración, ira, y de forma apresurada, no era la correcta. Acepté que yo era el responsable mis decisiones.

Decidí de una vez y por todas dejar atrás la frustración que sentía con "el sistema," cambie aquellas terrible creencias, y tome las medidas necesarias salir de la situación donde me encontraba.

ESTE LIBRO ES LA HISTORIA DE CÓMO RETOME EL CONTROL DE MI PROPIA VIDA Y ME ENCAMINE HACIA UN MEJOR FUTURO.

Es la historia de cómo logre lo que parecía ser inalcanzables sueños – una mejor educación, poder proveerle mas a mi familia, brindar una mejor oportunidad para mis hijos, y una mejor vida para mí - en metas alcanzables por medio de un plan.

En este libro revelo un plan el cual cualquier persona puede seguir, un plan que es alcanzable si toma la decisión de cambiar su forma de pensar, trabajar arduamente, y asumir absoluta responsabilidad de su propia vida.

Al final de nuestra vida, lo que hicimos, logramos, y en quienes nos convertimos, será un reflejo de las acciones que tomamos. Por mucho que tratemos de señalar con el dedo a otros, cuatro dedos estarán apuntando en nuestra dirección. Me viene a la memoria el último verso del gran poema por William Ernest Henley, "Invictus," que dice:

No importa cuán estrecha sea la puerta,

Cuán cargada de castigos la sentencia.

Soy el amo de mi destino:

Soy el capitán de mi alma.

Es mi deseo inspirarle a creer que ningún sueño es inalcanzable. Quiero proclamar que no importa que tan injusta sea la vida, que tan limitantes sean las circunstancia que le rodeen, usted es " amo de su destino " y el " capitán de su alma." Usted puede cambiar y vivir una vida mejor.

1
MOMENTOS EN EL BASURERO

"Simplemente no podía creer dónde me encontraba y lo que estaba haciendo. Estaba hasta el pecho dentro de un basurero sucio y caliente, sacando a mano todo aquellos residuos desagradable por horas y horas, y depositándolos en la parte trasera de un camión para después llevarlos al basurero de la ciudad, y esto era solo el comienzo."
Dr. Reggie R. Padin

Era un día de verano bastante caluroso. Yo me encontraba en medio de mi rutina diaria de trabajo, barriendo el piso de la planta antes de hacer mis rondas para recoger los trozos de madera y acero inoxidable utilizado para crear los enormes ahumaderos de carne, y ser enviados a través de América del Norte. Pero aquella rutina terminó abruptamente. Poco sabía que aquel día marcaria un punto de inflexión en mi vida.

Unos pocos años antes, había decidido abandonar la escuela secundaria, casarme, y tener un familia. Para empeorar las cosas, yo era un inmigrante en Canadá sin un permiso de trabajo o estudiantil. No creía que aquella decisión juvenil e indiscreta de abandonar mis estudio limitaría mi capacidad de proveer un buen porvenir para mi familia.

Después de algunos empleos que me pagaban en efectivo, y para culminar, malísimos, por fin me otorgaron un permiso de trabajo. Esto me permitiría encontrar un mejor empleo. Eso pensaba yo. Lo cierto fue que el conseguir un empleo bien pagado por alguien sin educación todavía no era fácil. Para un inmigrante como yo, con una joven esposa y niños, sin educación y sin las destrezas necesarias, en un país que pasaba por una terrible recesión económica, le era casi imposible encontrar un empleo bien pagado.

En los próximos meses, fui de un trabajo de limpieza a otro, brincando de trabajo a trabajo hasta que mi suegro, de misericordia, me consiguió un trabajo en la empresa donde trabajaba. Yo estaba agradecido de tener un empleo "decente" que por fin me diera la oportunidad de poner comida en la mesa.

Mi nuevo empleo me pagaría $9 dólares Canadienses por hora. Yo tenía que hacer el trabajo que nadie quería hacer: cargar y descargar, construir de cajas de madera para las piezas de los ahumaderos, hacer las entregas, y limpiar todo el inmenso taller. A pesar de que era un trabajo duro, los días pasaban volando, y yo estaba aprendiendo mucho. Estaba agradecido, pero no contento; no sentía ninguna satisfacción. Me sentía como que estaba destinado para más.

MI PRIMER MOMENTO EN EL BASURERO

Lo que no sabía era que en esos días la corporación estaba casi en la quiebra, y se vio obligado a recortar gastos. Es difícil de creer, pero una de las áreas que decidieron recortar fue en la recolección de basura. Eso significaba que el camión de no se llevaría. Y es aquí cuando mi rutina diaria cambió. Drásticamente.

Esa mañana me llamaron por el altavoz: "Reggie, por favor

repórtate a la oficina de Lee." Lee era el gerente de la planta. Lee me dio instrucciones muy claras. Me dijo, "Toma uno de los camiones de la empresa, llévalo a cada basurero a las afuera de la planta, y por favor saca toda la basura a mano, ponla en la parte trasera del camión, y llévala al basurero regional."

Aunque el proceso parece sencillo, era completamente asquiento. El solo recordar todavía me revuelve el estómago. Esa tortura la tenia que hacer un par de veces por semana durante uno de los veranos mas calurosos en la historia de Canadá.

Yo no podía creer dónde estaba metido y lo que estaba haciendo. El estar hasta el pecho dentro de un basurero caliente y sucio, sacando toda la basura a mano, hora tras hora, era algo que nunca imaginé que me tocaría hacer… y eso era sólo el comienzo.

Esa experiencia dentro de ese basurero literalmente me llevó a otra clase de basureros: emocional, psicológico, espiritual y relacional. Mi vida se encontraba metida en el basurero en todo sentido de la palabra. Estaba frustrado, enojado, deprimido. No podía creer que mi vida había llegado a eso cuando yo soñaba con alcanzar mas. Esa dura experiencia era exactamente lo que necesitaba para darme de cuenta que algo tenía que cambiar en mi vida.

Seamos sinceros, el trabajar con basura no es algo muy atractivo que digamos. Al contrario, es repugnante. Es un trabajo muy incómodo. Y como decimos en Puerto Rico, "¡Apesta!" Al fin de cada día, yo apestaba a un estanque de basura. Fue en ese mismo momento que decidí que por el bien mío y el bien de mi familia, que tenía que salir de ese basurero. Punto.

TODO EL MUNDO EXPERIMENTA MOMENTOS EN EL BASURERO

Algo que pude aprender de aquella experiencia es que en algún momento u otro, todos tenemos que enfrentar momentos en el basureo. No me importa quien sea. La persona puede ser el presidente de una corporación multibillonaria, o un empleado o el conserje de la misma. La persona puede ser exageradamente rico, o extremadamente pobre; un inmigrante o nativo. La persona puede tener un alto nivel o nada de educación. No importa la religión, el color o la raza de la persona. A todos nos toca pasar por momentos en el basurero.

Es muy cierto, los momentos en el basurero pueden ser limitante, humillante, dolorosos, solitarios, y desmoralizador. Sin embargo, esos momentos también nos obligan a hacernos preguntas importantes que quizás nos hemos olvidado de preguntarnos. Esos momentos nos ayudan a reevaluar la dirección de nuestras vidas y preguntarnos que es lo que en realidad queremos ver manifestado.

¿QUÉ SON MOMENTOS EN EL BASURERO?

Momentos en el basurero son cualquier cosa, experiencia, situación, o persona que por, un tiempo prolongado, lo limita y no le permite alcanzar sus metas. Cada momento en el basurero traen consigo claras señales las cuales le dejan saber que se encuentra metido en el. En primer lugar, los Momento en el Basurero siempre son experiencias en la que usted sabe nunca quiere estar. Uno siente que no pertenece estar ahí. Esos momentos lo hace sentir horrible por un período de tiempo prolongado.

Los pensamientos y sentimientos negativos que se siente durante esos momentos so tan fuertes que es casi imposible desacerté de ellos.

Por lo tanto, el experimentar una prolongada sensación negativa, infeliz o frustrante suele ser una de las primeras pistas de que es muy posible que esta atravesando por un Momento en el Basurero. Lo peor es que estos momentos negativos se convierten en experiencias que lo limitan mentalmente, físicamente, emocionalmente, espiritualmente y financieramente. En otras palabras, lo paralizan completamente.

El estar pasando por uno de estos momento lo pone en un estado de ánimo en el cual sólo esta "esperando por algo mejor" o confesando cosas como: "Ojala y esto se mejore," o, "Espero que me cambie la suerte." Si usted simplemente está esperando que las cosas cambien por si sola, pero al mismo tiempo tienen serias dudas, o no tiene esperanza de que cambien, esto es un indicio de que puede estar pasando por un profundo momento en el basurero.

A todos nos llegan pensamientos negativos, pero el estar en un estado de constante negatividad o pensamientos "apestosos," puede ser otra pista de que puede estar pasando por un momento en el basurero.

Ahora, entienda algo, no siempre podemos controlar todo lo que venga sobre nosotros, pero si podemos controlar que hacemos con esos pensamientos.

Los pensamientos negativos, y el solo estar enfocado en los problemas, en vez de en las posibles soluciones, nos pueden hacer perder el control de la situación. Ese momento en el basurero se apodera de nuestras emociones, haciendo que perdamos la calma, discutamos sin control, nos hace estar irritable y de mal humor, muchas veces decimos o hacemos cosas que terminamos lamentando.

A veces los momentos en el basurero también pueden nacer de malas relaciones, o el sentirse infeliz, especialmente con aquellos que pasamos la mayor parte de nuestro tiempo: con amigos o compañeros de trabajo, o con quienes convivimos (cónyuge, padres, hijos). Sin lugar a dudas, estos momentos en el basurero son los más dolorosos, porque afectan aquellos mas allegados a nosotros.

Los momentos en el basurero nos impiden alcanzar nuestras metas y nuestro potencial. Nos impiden llegar a un nivel más alto de crecimiento y logros. Nos paralizan con temores, nos sofoca con ansiedad, nos ahoga con frustraciones, y matan nuestros sueños.

MOMENTOS EN EL BASURERO CIEGAN NUESTRA PERSPECTIVA.

A veces, los momentos en el basurero pueden sorprendernos como una repentina tormenta de verano en

Miami, aparecen cuando menos esperado. En otras ocasiones, se mueven tan lentamente que ni siquiera nos damos cuenta de que ya estamos en el basurero, hasta que estamos hasta el pecho enterado en la basura. A veces parece que todo va bien en su vida y- ¡Bam! caemos en el basurero.

Pero, no nos engañemos, las razones que nos llevan a parar dentro del basurero ocurren lentamente, decisión por decisión. Esas decisiones se acumulan lentamente con el tiempo. Primero, en nuestra mente, en nuestros propios pensamientos. Empezamos a decirnos a nosotros mismos cosas como: "Aquí voy otra vez." "¿No te lo dije? Yo simplemente no encuentro la suerte." O, peor aún, comenzamos a resentir a los demás, diciendo: "Sí, eso es fácil para ti decirlo, tu tienes suerte." "Nada malo le sucede a ella!" "¿Por qué es que parece que tienen todo el dinero del mundo?" "Es por culpa de _____ que me encuentro así."

EL PROBLEMA NO ESTA EN CAER EN EL BASURERO, EL PROBLEMA ESTA EN QUEDARNOS AHÍ.

Estos son los peores tipo de momentos de basurero, ya que son autoimpuesto, provienen de uno mismo. Al pensar de esta forma, cometemos el grave error de auto programarnos negativamente, aceptando esos pensamiento como verdad, y nuestra realidad. Cuando miro hacia atrás, me doy cuenta de que la mayoría de mis basureros fueron autoimpuesto; me lo hice a mí mismo.

En cualquier caso, si la vida nos pone de cabeza en un basurero, o entramos por nuestra propia cuenta, es muy importante reconocer que somos completamente responsables. Es nuestra culpa si elegimos quedarnos metidos en esos basureros. No se puede culpar lo que mamá y papá te dijo como un niño. No se puede culpar al gobierno, a sus maestros, su jefe, su cónyuge o sus hijos.

Es nuestra duda, nuestro temor, nuestra negatividad, nuestra falta de preparación, nuestra falta de conocimiento, nuestra culpabilidad, nuestra falta de visión, y nuestra falta ambición. Nosotros somos quienes tenemos creencias limitantes; nosotros somos los único que nos detenemos de seguir adelante. Punto.

LA BUENA NOTICIA ES QUE TAL COMO ENTRAMOS AL BASURERO, TAMBIÉN PODEMOS SALIR.

¡Podemos salir del basurero!

Para poder salir del basurero, primero tenemos que poder nombrar el basurero. Todo comienza con nombrar aquello que le esta impidiendo llagar a un nuevo nivel en su vida, identificar que le a detenido hasta este momento. ¿Puede hacerlo?

- ¿No a crecido su nivel de educación y conocimiento? ¡Estás en el basurero!
- ¿Se encuentra en un empleo que detesta y que no le paga lo suficiente? ¡Está en el basurero!

- ¿Esta en una relación tóxica que sólo le trae problemas, drama, y constantemente lo mantiene en el piso? ¡Está en el basurero!
- ¿No ha sido capaz de aumentar su nivel de ventas? ¡Está en el basurero!
- ¿Está atrapado, mientras que otros avanzan en sus carreras, negocios, relaciones, estudios? ¡Está en el basurero!
- ¿Constantemente repela a otras personas por su mala forma de pensar, o sus acciones negativas? ¡Está en el basurero!

¡Está en el basurero! ¡Está en el basurero! ¡Está en el basurero!

Si no reconoce sus propios basureros, sus propios limitaciones, esto lo llevará a otros basureros aun mas serios, y podría perder el control total de su vida. Por ejemplo, los basureros mentales se pueden convertir en basureros físicos. Los físicos, en basureros relacionales. Basureros relacionales se pueden convertir en basureros espirituales. Y los basureros espirituales se puede convertir en basureros económicos.

EL PROBLEMA ESTA EN QUE SI NO RECONOCEMOS QUE ESTAMOS EN UN BASURERO ES, ¿COMO VAMOS A SALIR?

Los momentos en el basurero pueden ser muy peligrosos a nuestras vidas:

- Las cárceles están llenas de personas que no pudieron salir de sus basureros mentales, físicos, y espirituales.
- Un cincuenta por ciento de los matrimonios terminan en divorcio por quedarse dentro de basureros relacionales.
- Mucha gente renuncia a sus sueños porque ven sus momentos en el basurero como insuperables.
- Algunos abusan de drogas y alcohol porque no le pueden hacer frente a sus basureros emocionales.
- Trágicamente, cada 13 minutos, alguien se suicida simplemente por no poder salir de los basureros.

ESTEMOS CLAROS DE LO QUE E DICHO DESDE EL PRINCIPIO:

NOSOTROS ESTAMOS DIRECTAMENTE, Y SOMOS RESPONSABLES DE CADA UNO DE NUESTROS BASUREROS. NO IMPORTA COMO ENTRAMOS, LA CLAVE ESTA EN DECIDIR SALIR.

La primer lección que tuve que aprender mientras me encontraba en aquel basurero fue que yo mismo, y las acciones que había tomado, me llevaron ahí. Yo no podía echarle la culpa a nadie. Fue por mi culpa. Pero también aprendí también podía tomar acciones para salir de el. Yo tenía el poder de salir.

ME DIJE A MI MISMO, "ESTO NO ES PARA MI, YO VOY A SALIR DE AQUÍ."

No tengo nada en contra de aquellos que desean permanecer en el basurero, pero en cuanto a mi, "yo y mi casa, saldremos de aquí." Existe un gran poder cuando decidimos cambiar, y hacer que cosas positivas y buenas sucedan en nuestras vidas. Es liberador cuando finalmente nos damos cuenta que todo lo que queremos en nuestras vidas está a nuestro alcance. Que cuando cambiamos internamente, todo lo demás cambia. Y todo comienza con decir, "Voy a conquistar esa parte de mi vida que me ha mantenido en este basurero."

Stephan Labossiere lo puso de la siguiente manera y tiene mucha razón: "Muchas veces somos nuestro peor enemigo. Si pudiéramos aprender a vencernos a nosotros mismos, entonces se nos ara mas fácil superar los obstáculos que se encuetarán fuera de nosotros."

LO QUE NOS LLEVA AL BASURERO

Los momentos en el basurero ocurren cuando perdemos una sola cosa en nuestras vidas: nuestro propósito. El tener propósito da a nuestra vidas una clara dirección a seguir. Cunado tenemos un propósito claro sabemos lo que queremos, donde vamos, y porque estamos en el planeta. Por otro lado, la falta de propósito nos puede llevar a tomar malas decisiones, decisiones que nos puede llevar a hidiondo basureros.

Con el tiempo, la falta de propósito mata a personas emocionalmente, relacional, y físicamente, y se convierten en personas que caminan sin un rumbo fijo, en víctimas de la vida y sus propias malas decisiones.

EL PROPÓSITO TRAE VISIÓN. VISIÓN TRAE ENFOQUE. ENFOQUE TRAE DIRECCIÓN. DIRECCIÓN TRAE ESPERANZA. ESPERANZA TRAE ALEGRÍA. EL TENER PROPÓSITO NOS RECUERDA QUE ESTAMOS EN ESTE PLANETA POR UN GRAN PROPÓSITO.

El rey Salomón, uno de los hombres más sabios en la historia, dijo: "Donde no hay visión, el pueblo perece." Eso no tiene porque ser el caso para usted o para mí. Nosotros fuimos creados con un propósito específico. La Biblia enseña un bello concepto, y este es que incluso antes de estar en el vientre de nuestra madre, Dios nos conocía y nos creó con un propósito y una razón específica. El vivir dentro de ese propósito nos trae paz, satisfacción y alegría. El no vivir en el nos trae tristes basureros.

EL SALIR DEL BASURERO ES UN PROCESO

Mientras tengamos vida, siempre hay una manera de salir del basurero. Los tiempos más bajos de nuestras vidas - nuestros momentos en el basurero - pueden ser seguidos por increíbles momentos de propósito, alegría, abundancia, éxito y felicidad. La salida es un proceso, un viaje, una aventura . Requiere que nos pongamos en marcha, en movimiento, y establecer una nueva dirección. Esto no sucede de la noche a la mañana, pero si se puede lograr. Solo tenemos que tener un propósito claro, tener paciencia, y nunca abandonar nuestro plan.

2

CAMBIO DE MENTE

" Usted es lo que piensa que es, ya sea positivo o negativo, correcto o incorrecto, bueno o malo. La mente tiene una poderosa manera de crear su realidad. Y una vez que se encuentra en esa realidad, y lo acepta; se convierte en su propia verdad."
Dr. Reggie R. Padin

Es difícil imaginarse estar dentro de un basurero maloliente por más de algunos minutos, sin decir semana tras semana. Esa era mi realidad, y me tenia derrotado por completo. El estar físicamente dentro de un basurero es algo terrible, pero la batalla mental es aún peor.

El estar en una situación como la que yo pase puede derrotar a alguien permanentemente. La autoestima no existe dentro del basurero. La persona se vuelve invisible ante los ojos de todos los demás, y lo único que llama la atención es el mal olor que uno lleva consigo.

EL DIÁLOGO INTERNO NEGATIVO SE CONVIERTE EN NUESTRO PEOR ENEMIGO. LAS LIMITACIONES MENTALES PARALIZAN E IMPIDEN LA SALIDA.

Tal como uno piensa, así suceden las cosas a nuestro alrededor. La batalla más importante que uno tiene que enfrentar es la batalla mental. En su libro *Piense y Hágase Rico*, Napoleón Hill lo pone de esta manera: "No hay limitaciones para la mente, excepto los que reconocemos.

Tanto la pobreza y la riqueza son el fruto de los pensamientos."

Mucho antes de que me encontrara en un basurero físico, ya había estado viviendo en un basurero mental durante mucho tiempo. Había aceptado el diálogo interno negativo como una realidad, primero en mi mente, y después, se manifiesto en todo otro aspecto de mi vida. Para empeorar las cosas, con el fin de sentirme mejor, comencé a creer que la situación en la que me encontraba era la voluntad de Dios para mi vida. ¿Y por qué luchar si esta era la voluntad de Dios para mi vida? Esto fue reforzado por enseñanzas bíblicas erróneas que enseñaban que uno tiene que aceptar esa circunstancia hasta que "Dios mismo las resuelva."

Este diálogo interno negativo comienza temprano en nuestras vidas y es reforzada por las personas que mas influyen en nuestras vidas. Ellos nos aconsejan a ser "realista" y a "ser conformes con lo que tenemos en la vida." Esta clase de consejos son honestos, porque las personas que nos dicen eso simplemente quieren lo mejor para nosotros. Después de todo, ellos han vivido mas que nosotros, han recorrido mas, tienen mas experiencia, ¿No es cierto?

No dudo que muchas de esas personas quieran lo mejor para nosotros, y quizás lo que no quieren es que nosotros fracasemos. El problema esta en que, no podemos dejarnos llevar por las experiencias negativas de otros.

Muchas veces nosotros nos convertimos en nuestros peores enemigos, en la persona que peor nos insulta, que fuertemente nos agrede, que abusivamente nos amedrenta.

Son esos pensamientos los que nos mantiene en el basurero. Es mucho mas fácil no escuchar a lo que otros dicen de uno, que lo que decimos de nosotros mismos. Esa vocecita dentro de nuestra cabeza puede ser una terrible infección si no la forzamos a cambiar.

Quizás a muchos nos a pasado por lo siguiente:

- La entrevista de empleo que fracasamos porque teníamos pensamientos negativos en nuestra cabeza acerca de nuestro conocimientos, destrezas y habilidades. Perdimos el empleo antes de ser contratados. ¿Sabe por que? Porque es muy difícil tener una buena entrevista de empleo estando en el basurero mentalmente.
- La idea de comenzar un negocio que nunca implementamos porque tuvimos miedo, y estábamos sumergidos en el basurero de pensamientos como: ¿Y si fracaso? O peor, ¿Y si triunfo? Nunca he conocido a nadie que exitosamente haiga corrido un negocio desde el basurero.

La razón por la que se nos hace tan difícil cambiar nuestra manera de pensar es porque muchos llevamos pensado así desde que éramos niños. Aprendimos a pensar así de nuestro padres, familiares, vecinos, y otros cercanos a nosotros. Todos ellos influenciaron nuestra manera de pensar.

En mi caso, yo comencé a escuchar la negatividad en mi cabeza y aquella voz que me repetía que lo único que yo podía hacer era aquella clase de trabajo. Mi cabeza me decía: "No tienes educación, no tienes conexiones, no tienes conocimiento, no tienes destrezas, no hay buenos empleos para personas como tu."

Cuando yo era niño, había aceptado los pensamientos acerca de mí mismo y mi destino. Yo era el chico que salió de Puerto Rico y ahora vivía en una cultura diferente, y lo peor era que no hablaba Inglés. Pensaba que, en comparación a los demás niños, yo no era lo suficientemente inteligente porque no podía hablar el idioma.

Cuando finalmente trate de hablar Inglés, tenía un acento tan pesado que se le hacia difícil a otros entenderme. Me sentía completamente perdido en este nueva cultura.

Cuando uno es joven, comienza a creer que lo que otros piensan o dicen de uno es verdad, especialmente las cosas negativas. Ese fue mi caso. Recuerdo que pensaba: "Nunca voy a ser capaz de hablar Inglés como los otros niños; Siempre voy a ser parte del grupo de "clase especial"; tal vez esto no es para mí." Más tarde, pensé que solo era bueno para un trabajo manual. Esos pensamientos permanecía presente e intensos en mi cabeza.

¿Y sabe qué? Ese conjunto de pensamientos se convirtió en una profecía cumplida en mi vida. Incluso, mis compañeros y maestros comenzaron a decirme que yo no era lo suficientemente inteligente. Ellos estaban reflejando los que ya yo pensaba de mi mismo.

Mahatma Gandhi dijo:
Sus creencias se convierten en pensamientos,
Sus pensamientos se convierten en sus palabras,
Sus palabras se convierte en acciones,
Sus acciones se convierten en valores,
Sus valores se convierten in su destino.

Mis creencias se convirtieron en pensamientos; mis pensamientos se convirtieron en palabras; mis palabras se convirtieron en acciones; mis acciones se convirtieron en hábitos; mis hábitos se convirtieron en valores; mis valores se convirtieron en mi destino.

Entienda de una vez y por todas: el poder de sus pensamientos y creencias afecta todo lo demás en su vida. Lo que otros pensaban de mi, primero comenzó en mi mente, no en la de otras personas. Toda negatividad y desprecio comenzó en mi mente. Otros solamente proyectaban lo que yo ya afirmaba de mi mismo.

SAQUE A LOS MALOS INQUILINOS

El diálogo negativo interno es igual que tener malos inquilinos viviendo en una propiedad; aquellos que sutilmente alquilan su propiedad, y parecen buena gente. Sin embargo, una vez dentro de la propiedad, estos inquilinos dejan de pagar el alquiler, destruye la propiedad, y le causan solo dolores de cabeza. Dígame, ¿Qué haría con esa clase de inquilinos? ¡Echarlos fuera! Es hora de traer a nuevos inquilinos. Inquilinos que page el alquiler a tiempo y no destruya la propiedad.

El echar fuera los pensamientos negativos es igual. Tome cuenta de todos los pensamientos que le pasan por su mente. ¿Cuáles son aquellos pensamientos que, como los malos inquilinos, no le pagan, causan problemas, y poco a poco destruye su autoestima, sus sueños, sus relaciones, y su espíritu? Un buen propietario no permite que un mal inquilino se quede mucho tiempo en su propiedad. De igual forma, ¿por qué permite a esos malos pensamientos en su mente? ¡Es el momento de sacarlos y reemplazarlos con buenos pensamientos!

El primer paso es dejar de pensar negativamente sobre usted mismo, su situación, su negocio, sus relaciones o su vida. Mantenga esos pensamientos en silencio. La verdad es que no se puede comenzar a limpiar y renovar la mente hasta que los malo pensamientos estén fuera de su mente. Una vez fuera, puede comenzar a buscar nuevos inquilinos, pensamientos nuevos, pensamientos positivos.

NO BUSQUE A LOS NUEVOS INQUILINOS (PENSAMIENTOS) EN LOS MISMOS LUGARES DONDE ENCONTRÓ LOS VIEJOS.

El encontrar nuevos y mejores inquilinos requiere buscar en lugares nuevos. Lo mismo ocurre con nuestros pensamientos. Si sigue alimentando la mente con la misma dieta que lo llevo al basurero, no ocurrirá ningún cambio.

Es totalmente necesario cambiar la manera de pensar, y encontrar nuevas fuentes de apoyo. Deje de escuchar a los mismos pensamientos y las personas las cuales contribuyeron que llegara al basurero. Necesita encontrar una nueva fuente. Todo aquello que no le beneficie en su nuevo camino, déjelo a un lado. Si no refuerza su propósito, sáquelo y no le de cabida en su vida.

Deje de ver los mismos programas de televisión, escuchar la misma música, y leer el mismo material que contribuyeron a vivir la vida que vive actualmente. Encuentre nuevo material que alimente y apoye su mente con pensamientos positivos. Escuche y vea programas que le den una nueva conciencia. Lea libros que desafíen sus pensamientos negativos y limitando con optimismo y nuevas posibilidades.

Pero está es la dura realidad: usted va a necesitar enfocar su tiempo, su fuerza de voluntad y ser consciente, para poder cambiar. Se necesita tiempo para poder construir una nueva forma de pensar, para cambiar lo que siente y cree acerca de nuestro potencial, y metas. Esto no sucede automáticamente, o solo practicarlo un par de veces. Tiene que estar dispuesto a seguir el nuevo plan de acción.

Esto significa que va a tener que eliminar la forma de pensar que lo llevo al basurero. Tiene que conseguir gente que lo apoye, mentores, y nuevas fuentes de educación y desarrollo personal.

UN CAMBIO DE MENTE SIGNIFICA DECIRSE A SI MISMO CON FREQUENCIA, "NO TENGO NECESIDAD PORQUE ESTAR EN ESTE BASURERO."

El tomar una nueva decisión significa que se esta dando permiso para pensar diferentemente. Es pasar de pensar como una victima, a pensar como un triunfador.

Créame, el pensar como una víctima jamás a ayudado a nadie a salir del basurero. No importa las circunstancias o razones que lo llevaron ahí. Ya pasó. El seguir pensando en las cosas lo llevaron ahí no lo va a sacar. Tiene que pensar y actuar de una manera diferente.

Quizás hay cosas que no puede cambiar en este momento, pero sí puede cambiar su manera de pensar. Pregúntese: "¿Donde prefiero estar?" Recuérdele a su mente, "Me merezco algo mejor; puedo estar mejor. " Salga de ese basurero donde actualmente se encuentra, y comience a encaminarse en una nueva y mejor realidad. Básicamente, lo que quiero decir es, tiene que reprogramar su mente.

El reprogramar su mente es como actualizar el sistema operativo de una computadora. Por mucho que me guste la primer computadora que compré, necesita ser actualizada frecuentemente para poder funcionar bien. Lo mismo es con como pensamos. Necesitamos actualizar nuestros pensamientos constantemente.

PARA PODER PENSAR EN UNA NUEVA FORMA SE NECESITA TOMAR PASOS CUIDADOSOS, CONSISTENTES, Y DELIBERADOS.

Al igual que su computadora puede convertirse en una versión mejor actualizada, usted también puede pasar de ser "Yo 1.0" a "Yo 2.0." Este nuevo sistema le puede llevar a hacer mucho más, lo llevará a nuevos lugares, le dará nuevas experiencias, y le abrirá nuevas puertas. Pero esto nunca sucederá en su vida si se aferra a la antigua manera de pensar.

Si piensa que no puede alcanzar un nivel más alto de donde estas presente, es momento de deshacerse de esos viejos pensamientos, reprogramar su mente, y comenzar a pensar que no hay limites para usted. No hay obstáculos que no pueda vencer. Yo constantemente regulo mis pensamientos, identifico aquello pensamientos que me limita, y los hago salir de me mente.

Recuerde, todo el mundo experimenta momentos en el basurero, y es muy probable se encuentra ahí porque está escuchando y obedeciendo los pensamientos erróneos. Constantemente actualice su "sistema operativo mental."

EL ESTABLECER NUEVOS PENSAMIENTOS ES SIMPLE, PERO NO ES FÁCIL. REQUIERE PENSAR EN FORMAS COMO NUNCA ANTES. SIGNIFICA DESCONECTARSE DE TODO RUIDO EXTERNO E

INTERNO QUE CAUSA LOS PENSAMIENTOS NEGATIVOS.

Sus pensamientos afectan y crean el mundo que lo rodea, y crean su realidad. Es por eso que debe cambiar su forma de pensar con el fin de cambiar su vida. Innumerables personas han hecho esto antes. Usted también puede.

Todo lo que comienza en la mente se manifiesta en otras áreas de la vida. La forma que uno piensa, se convierte en una realidad. Esa es la primera batalla por ganar, la mente. Pero si lo logra, vera el resto de su vida cambiada.

CAMBIE SUS PENSAMIENTOS, CAMBIE SU DESTINO.

Mis nuevas creencias pusieron en marcha nuevos pensamientos los cuales se convirtieron en nuevas palabras de afirmación, y finalmente en acciones decisivas. Esas acciones se convirtieron en mejores hábitos diarios, se convirtieron en valores profundos los cuales cambaron mi destino.

Lo que mas pase por su mente se convierte en su sistema operativo. Esos pensamientos son los que controlan las acciones, o la falta de acciones. Los pensamientos son los que controlan nuestra autoestima, o la falta de ella. Los pensamientos son los que controlan la forma en que vemos el mundo.

Las consecuencias de no tener el sistema operativo mental correcto puede convertirse en largos momentos en el basurero.

Si piensa que puede, o que no puede, tienes razón. Una vez alguien me preguntó: " ¿Sabes cual es la propiedad de mas valor en el mundo?" Mi respuesta fue: " ¿Frente al mar?" "¡No, los cementerios!" "¿Qué?" Conteste. Me dijo: "Lamentablemente, los cementerios están llenos de personas que murieron con sueños no cumplidos, metas y pasiones sepultadas con ellos en la tumba quizás porque escucharon y obedecieron los pensamientos equivocados. Se llevaron consigo ideas si ser desarrolladas, canciones y libros que nunca fueron escritos; curas para enfermedades terribles que nunca fueron llevadas al mercado. Ellos simplemente murieron con todas esas ideas, tal vez, porque obedecieron aquellos pensamientos negativos.

Necesitamos cambiar nuestra manera de pensar, necesitamos un nuevo paradigma.

EL CAMBIAR MI MENTE TAMBIÉN CAMBIO EL RUMBO DE MI VIDA. PASE DE SER ALGUIEN SI EDUCACIÓN A CONVERTIRME EN UN DOCTOR, PASE DE SER POBRE A TENER EN ABUNDANCIA,

PASE DE TENER DE UN EMPLEO DESAGRADABLE A UNA GRAN CARRERA.

Una nueva forma de pensar requiere tener un nuevo paradigma. ¿Qué es un paradigma? Es un patrón, un hábito, un modelo, un nuevo precedente, o un nuevo ejemplo a seguir. Los viejos modelos mentales ya no son suficiente. Es necesario alejarse de los viejos patrones y hábitos que lo metieron en el basurero.

Un cambio de mental requiere entender los siguientes nueve paradigmas:

1. Usted es responsable de su vida.

En la vida, puede tener resultados o inventar excusas. Pero no se puede tener ambas cosas. Hay que dejar de culpar a otros, o poner excusas. Es como lo que el difunto Rev. Dr. Robert Schuller solía decir: "Si va a ocurrir, depende de mí."

El cambiar nuestra forma de pensar significa renunciar a todo tipo de excusas. Significa tomar el control y responsabilidad de nuestras vidas. Perdone la imagen mental, pero una vez alguien me dijo lo siguiente: Las excusas son como las axilas, todo el mundo las tiene, y por lo general huelen mal. Las excusas huelen muy mal. Las personas exitosas no toleran excusas; en realidad lo ven como un signo de pereza y debilidad. Reemplace las excusas con resultados.

Una campaña promocional por Nike decía:

"Deja de poner excusas, de no hacerlo, de quejarte, de llorar, de creer de que no puedes, esperando a ser mas viejo, mas flaco, mas rico, mas valiente, o ser mejor. Solo hágalo."

Sus propios pensamientos y acciones son los que le han traído hasta este punto. Solo sus acciones, y no las de nadie más. Por lo tanto, tiene que tomar la responsabilidad 100 por ciento de su vida - lo bueno, lo malo, y lo feo.

Si no sabe cómo hacer algo, invierta el tiempo y aprenda. ¿No puede hablar bien el idioma? ¡Aprenda! ¿No sabes cómo tratar con la gente? ¡Aprenda! ¿No entiende acerca de los negocios? ¡Aprenda! ¿No sabes como aumentar sus ventas? ¡Aprenda! Dígale "NO" a las excusas.

NUNCA ES DEMASIADO TARDE PARA TOMAR RESPONSABILIDAD DE NUESTRAS VIDAS Y COMENZAR A MOVERNOS UN UNA NUEVA DIRECCIÓN.

2. ¡El fracaso es bueno!

El fracaso es solo una forma en cual el Creador nos dice, "Aquí hay una lección que debes aprender." Desde niños se nos enseño que el fracaso es malo. Recuerdo un día una de mis maestras nos hizo una pregunta. Yo pensé que tenia las respuesta correcta, y ansiosamente levante la mano para contestarla, sólo para pasar la vergüenza que la respuesta era incorrecta. Lo mas que recuerdo fue la mirada que ella me dio, como diciendo, "no puedes ser tan estúpido."

A muy temprana edad aprendemos que el fracaso, especialmente en público, es totalmente inaceptable. Y a partir de ese momento, estamos condicionados a creer que el fracaso es malo. Lo aprendimos de nuestros padres, abuelos, maestros, incluso nuestros ministros.

Sin embargo, las personas exitosas enseñan que el fracaso es realmente algo bueno y necesario para poder crecer. Michael Jordan, el de basketball más reconocido en la historia de la NBA, y ganador de seis campeonatos, dijo una vez:

> "He fallado más de 9000 tiros en mi carrera. He perdido casi 300 juegos. Veintiséis veces, he tomado el ultimo tiro para ganar el partido, y falle. He fracasado una y otra vez en mi vida. Y es por eso que tengo éxito."

No se le puede tener miedo al fracaso. Temer fracasar es una manera segura de permanecer atrapado en el basurero. Paulo Coelho afirma, "Sólo hay una cosa que hace que un sueño sea imposible de conseguir: El miedo al fracaso."

EL FRACASO NO ES UNA CONDICIÓN PERMANENTE, EL DARSE POR VENCIDO LE ES.

Recientemente tuve el privilegio de sentarme con un pequeño grupo de personas para escuchar a uno de los hombres más ricos del mundo: el magnate y filántropo mexicano Carlos Slim Helú. Tuve la oportunidad de preguntarle: "¿Cómo ha sido capaz de construir tantas empresas exitosas?" Su respuesta fue rápida y llena de convicción, "Animo a mi gente a cometer errores ... es la única manera de aprender."

El fracaso es bueno, y sin el fracaso, el éxito simplemente no puede existir. Nunca permita que sus fracasos se conviertan en un basurero permanente. Aprenda, crezca y siga hacia adelante.

3. Siempre anticipe que algo bueno va a suceder.

La forma antigua de pensar era de que siempre las cosas iban a salir mal. Eso es como perder el partido antes de comenzar. Lo mejor es programar tu mente con optimismo. Todo saldrá bien. Entre mas tiempo pase anticipando la felicidad, el éxito, cosas buenas, y el positivismo, será mejor para usted. Recuerde, sus pensamientos se pueden convertir en cosas materiales.

Cuando se encuentre en una situación negativa, comience a afirmar de que todo saldrá bien. Tenga fe en Dios, en sus sueños, en su talento, y en sus habilidades. La Biblia dice, "Es pues la fe la certeza de lo que se espera, la convicción de lo que no se ve." Aunque no pueda ver en este instante lo que quiere cumplir en su vida, tenga la fe de que si lo será. Todo comienza con una visión. Una visión buena, positiva, agradable, exitosa. Hay que comenzar viviendo por fe, no por lo que actualmente sus ojos ven para poderlo ver manifestado en nuestras vidas.

DESPIÉRTESE TODAS LAS MAÑANAS CON LA EXPECTATIVA DE QUE ALGO FANTÁSTICO VA A SUCEDER.

4. No tema al futuro.

Son muchas la personas que temen al día mañana. ¿Por qué es eso? El momento en que comienza a temerle al futuro, es le momento donde se paraliza. Lo que pase mañana es creado por lo que piensas hoy. Así que, si en usted lo que hay hoy es temor, duda, y complejo, su mañana no será muy buena. ¡No tema! ¡Confíe! En vez de gastar tanta energía temiéndole al futuro, enfóquese en las cosas buenas que quieres en su vida y comience a trabajar hacia el.

En una ocasión se me presento la realidad de que tenía que desalojar el lugar donde alquilaba. Esto me dio la oportunidad de adquirir una propiedad propia. Le dije a mi esposa que caminara por la comunidad y, simplemente, escogiera la casa que quisiera. Después de un paseo por la comunidad, la encontró: una hermosa casa en frente de un lago, con suficientes habitaciones (y baños) para nuestros cuatro hijos.

Después de poner una oferta por la casa, le avisamos a nuestro arrendador que desalojaríamos su propiedad, pensando que dos meses serian suficiente aviso. Estaba completamente equivocado. En esos días los bancos tenían tantas propiedades un sus libros que el proceso de venta era increíblemente lentísimo. El tiempo comenzó a correr, y el día para abandonar la propiedad se acercaba cada vez mas rápido. Parecía que íbamos a terminar en la calle. En vez de temerle al futuro, adopte la canción de los Black Eye Peas, "I Gotta Feeling" (Tengo el presentimiento de que esta noche va a ser una buena noche…") A pesar de que no tenia idea cuando, o si, nos iban a dar la casa, el ritual era el mismo, día tras día. Aunque la tentación de ponernos negativos estaba presente, no le tuvimos temor al futuro. Y sucedió, el banco aprobó la casa justo a tiempo. Dios nunca llega tarde ni temprano. Siempre llega a tiempo.

5. Finja hasta que lo logre.

Hay algo que sucede cuando comenzamos a actuar como si ya hubiésemos logrados lo que queríamos. Mentalmente, emocionalmente, espiritualmente nos sentimos y vemos las cosas diferentemente. Mi vida cambió al instante que comencé a comportarme como si ya hubiese logrado lo que quería. Comencé a vestirme, hablar, y a comportarme como la persona que quería ser. No esperé hasta convertirme en ella para comenzar. Es tanto así, que mis hijos me dijeron una vez, "papa, nosotros no teníamos idea de que éramos pobres." La razón era que aunque vivíamos en una de las peores comunidades, fingía y actuaba como que vivía en la comunidad mas exclusiva de la ciudad. Esto lo he repetido muchas veces, y me a funcionado siempre.

6. Disciplínese.

Si quiere que cambien las cosas en su vida, es esencial ser disciplinado. La disciplina significa hacer las cosas de forma consistentemente, aun cuando no lo quiera hacer. Todo el tiempo. Todos los días. La disciplina crea nuevos hábitos, un nuevo patrón a seguir. Pero la disciplina toma tiempo. No piense que el hacer algo solo unas cuantas veces es suficiente. Tenga la disciplina de pasar el tiempo necesario para poder alcanzar sus metas.

7. Deje de Quejarse.

El quejarse es lo opuesto a tener fé. Quejarse es admitirle a su mente que las cosas siguen, y seguirán igual. Y es mas, el quejarse no cambiará absolutamente nada. En mi caso, el quejarme nunca me a sacado del basurero. Hagamos algo con respecto a lo que nos estamos quejándonos. Es mejor invertir nuestra energía en soluciones, en vez de enfocarnos y perder energía quejándonos. Todas las quejas del mundo no le dará una nueva dirección en su vida. Mejor enfocase en lo que quiere.

MEJOR ENFÓQUESE EN LO QUE QUIERE, Y LA NUEVA DIRECCIÓN QUE QUIERE TOMAR EN SU VIDA.

El cambiar de mente es una transformación total la cual tomara tiempo. Cuando la vieja forma de pensar asome la cara, dígale, "No hay espacio para ti. He aquí, tengo una mente nueva! Soy una persona con nueva perspectivas, nuevas ambiciones, con una nueva dirección. Tengo nuevos pensamientos, nuevas emociones, un nuevo propósito, una nueva visión por la vida."

Las personas mas exitosas del mundo también tienen momentos en el basurero. Pero nunca, nunca se quedan allí. Ellos lo ven como lo que es - una lección que tienen que aprender para subir a un nivel mas alto.

La clave está en cambiar su mente con pensamientos positivos. Es sentarse y visualizar un gran futuro. Es sencillo, pero no siempre fácil. Requiere a tomar una decisión.

3

LA GRAN DECISIÓN

"Todos los recursos que necesita están en su mente. Están establecidos en su conciencia esperando ser convocados."
Norman Vincent Peale

Lo ultimo que quiero hacer es insultar su inteligencia, pero quiero decirle lo siguiente: "Nada cambiara en su vida a menos que decida hacer algo distinto acerca de su situación." ¿Tiene sentido, verdad? Sin embargo, es sorprendente y triste ver a personas que nunca toman las medidas necesarias para mejorar su situación. En mi caso, el simple hecho de pensar diferente no pudo sacarme de ese basurero; yo tuve que tomar una decisión. Me toco tomar una decisión de salir de una vez y por todas de aquel basurero, y seguir mis sueños.

El cambiar requiere tomar una decisión. Un nuevo comienzo en la vida requiere una decisión. Salir del basurero requiere una decisión. La Biblia enseña que la fe sin obras es muerta. La clase de fe que trae milagros a nuestras vidas requiere que tomemos acción. Escuche bien: si no toma una decisión, no ver un cambio. Hay que creer para poder ver. Sin embargo, esto es lo que detiene a la mayoría de las personas. Muchos se niegan a dar el paso de fe que potencialmente podría cambiar sus vidas y sacarlos del basurero.

Una vez haya un cambiado tu forma de pensar, entonces debes tomar acción. Eso es lo que yo llamo "la gran decisión." De no ser así, no espere ver resultados. Para aprender tengo que leer, estudiar, y practicar. El crecer requiere una decisión. Sabes cual es el significado de la "locura," es el siempre hacer los mismo y esperar un resultado diferente. Si su vida no esta donde quiere, tiene que tomar una decisión; hacer algo al respecto.

"NOSOTROS SOMOS LA FUERZA CREATIVA DE NUESTRAS VIDAS , Y A TRAVÉS DE NUESTRAS PROPIAS DECISIONES, Y NO LA CONDICIONES QUE ENFRENTAMOS, PODEMOS LOGRAR ESOS OBJETIVOS." - Stephen Covey

Es como dice Paulo Coelho Cuando, "Cuando quieres algo, todo el Universo conspira para que realices tu deseo." Toda la fuerza creativa del Creador se pone a nuestra disposición. Es como el viento que llena las velas de un velero. Todo el viento que necesita ya esta presente, lo que nos toca es abrir las velas. Pero, nada pasara hasta que decidamos abrirnos a las posibilidades del viento creativo que Dios nos envía.

El no tomar una decisión es como querer tener luz en una habitación oscura, sabiendo que hay electricidad corriendo por la casa, pero decidir no encenderla. Es causa y efecto. Tiene que hacer algo para que suceda algo. La fe sin obras es muerta, dice la Biblia. Shawn Acor lo dijo de esta manera, "Nuestras decisiones y hábitos cotidianos tienen un enorme impacto en nuestro nivel de la felicidad y el éxito."

¿QUE ES LO QUE NO LO HACE FELIZ?

¿Cómo sabe cuando es necesario tomar una nueva decisión? La mejor forma que puedo explicarlo es, cuando sienta una insatisfacción prolongada. Cuando lo único que siente es un gran peso y no hay como quitarse ese peso de encima. Usted puede meditar, orar, hablar con consejeros, ministros, sacerdotes, u otros líderes espirituales, y nada pasa.

El estar físicamente dentro de un basurero me hizo comprender que no quería estar allí por más tiempo. Yo no estaba satisfecho. Y decidí salir. Lo mismo ha sido cierto al pasar por otros momentos en mi vida; cada vez que siento una sensación constante y prolongado de insatisfacción, o infeliz con algo, sé que estoy en otro basurero, y necesito salir.

Nosotros no fuimos creados para vivir vidas de constante infelicidad. Eso no quiere decir que no vamos a vivir momentos tristes, todos pasamos por esa clases de experiencias. Me refiero a una prolongada y sostenida infelicidad. Esa clase de sentimiento es un basurero de la cual necesita salir. ¡Hoy!

Pregúntese que es lo no quieres en tu vida, lo que constantemente te trae estrés, y infelicidad. Para mi, era lo siguiente:

- No quiero que mis hijos experimenten necesidad
- No quiero que mis hijos tengan que usar ropa usada
- No quiero que mis hijos crezcan en un vecindario peligroso

- No quiero que mi esposa se avergüence de mi
- No quiero que la gente me vea como un perdedor.

Ahora, es importante notar que aun diciendo lo que no quería me mantenía enfocado solo en el aspecto negativo de mi basurero. Al enfocarme en eso, todavía poseía una actitud la cual decía, "Por que me pasan estas cosas a mi?, o, "ay, pobre de mi."

Fue entonces donde tome la determinación de enfocarme en lo positivo y en lo que quería, no en lo que no quería.

Esto fue un paso critico para crear una nueva mentalidad. Comencé a verbalizar lo que quería de una forma positiva. Esa confesión positiva me comprometió a lograrlo, y al mismo tiempo me motivó a hacer un cambio positivo en mi vida. Comencé a decirlo de la siguiente manera:

- Mi hijos experimentan abundancia
- Mi hijos tienen ropa nueva
- Mi hijos crecen en un vecindario seguro
- Mi esposa está orgullosa de mi
- La gente me ven como una persona exitosa

¿Ve la diferencia? Esto sirvió como combustible para propulsarme fuera del basurero. Una decisión positiva lo empuja fuera de su zona de conforte. Incluso, en muchos casos, lo obliga a dejar atrás todo lo que lo detiene o lo mantiene en el basurero.

DECIDA QUE VA A SER DIFERENTE

El decidir que va a ser diferente es critico para poder salir del basurero. Es una decisión que tendrá que tomar constantemente. Para salir del basurero donde se encuentra, tendrá que decidir que:

- Ya no aceptara el basurero como algo normal en su vida, no importa cual sea.
- Hará algo al respecto.
- Aprenderá lo que tenga que aprender para lanzar su vida en una nueva dirección.
- Que le dirá "NO" a todo lo que trate de detenerlo.
- Que va a invertir todo el tiempo, sudor, dinero, y esfuerzo necesario para triunfar.

El decir que rehúsa quedarse de brazos cruzados es un importante paso para salir, y una importante decisión. Aunque no sepa exactamente como va a salir de esa situación, de ese basurero, o si tendrá ayuda, el tomar la decisión de salir es la llave para su liberación. El tomar la decisión lo llevara a las oportunidades, las personas, las soluciones que necesarias. Esto lo he podido ver en vida una y otra vez.

Hacen algunos años atrás, después de mucho como tiempo ministro ordenado, decidí cambiar de carrera porque quería mas experiencia en el campo de los negocios, y en el campo académico. Esta fue una de las decisiones mas difíciles en mi vida, y el demorar tomar una decisión, se había convertido en mi nuevo basurero. No tan solo significaba regresar a la universidad para sacar otra maestría, también significaba lanzarme a hacer algo que nunca había hecho. Estaba completamente aterrorizado.

Pase muchas noches de desvelo. Temía de que iba a fracasar. Temía de que mi familia no me apoyaría, y de que mis mas íntimos amigos y colegas me echaran a un lado. Yo estaba muy cómodo, y creciendo en mi carrera como ministro, y ahora lo estaba poniendo en riesgo por algo que era incierto. La comodidad que sentía se había convertido en mi nuevo basurero.

A pesar de toda duda e incertidumbre, decidí salir de mi nuevo basurero. Mis primeros intentos resultaron en completo fracaso. Es mas, las cosas de las cuales mas temía, resultaron siendo cierta. No tuve mucho apoyo, y algunas de las personas mas allegadas a mi, me abandonaron. Como quiera, decidí que tenia que seguir adelante y salir de aquel basurero.

HAY UNA REALIDAD CÓSMICA QUE DICE, CUANDO DECIDE ALINEAR SU VIDA CON SU PROPÓSITO, TODO LO QUE NECESITA DE UNA FORMA U OTRA, LLEGARA A SU VIDA.

Mi fe me lo grita de esta forma, "Dios tiene un propósito para mi. Dios esta conmigo. Dios me ayuda. Dios me guía. Dios me ilumina. Si Dios es conmigo, ¿quien contra mi?" Cada vez que e decidido confiar en los propósitos de

Dios en mi vida, todo lo que e necesitado para la jornada, Dios lo a provisto.

Recuerdo que en aquellos días salió la película "The Persuit of Happyniess." Esta es la historia real de Chris Garner, un padre soltero el cual se quedó sin dinero, quedó deambúlate, y parecía como que la "suerte" no esta de su lado.

Un día Chris se encontró con un hombre manejando un hermoso Ferrari color rojo. Chris le dijo, tengo dos preguntas para ti, "¿que haces y como lo haces?" El hombre le contesto, "soy un inversionista." Chris dijo, "Me imagino que tienes que ir a la universidad para eso." El hombre le respondió, "No necesariamente. Lo único que necesitas es ser bueno con los números y con personas."

Por medio de sus persistencia, Chris pudo obtener una pasantía como inversionista en una de corporaciones mas grandes en los Estados Unidos. Durante la pasantía, Chris decidió que nadie iba a trabajar mas fuerte que el. Marcó el teléfono mejor que nadie, estudio incansablemente, creó contactos con inversionistas, e hizo lo mejor de aquella oportunidad. No quiero arruinar el fin de la película, pero hoy en día, a Chris le va muy bien. Pudo salir de su basurero.

Pocos días después de haber visto la película, me encontré un anuncio para una plaza de empleo en una corporación que buscaba al alguien en el área de entrenamiento y desarrollo para sus empleados. Inspirado mas que nunca, lo vi como una señal y respuesta a mis oraciones. Así que decidí solicitar. Tome el primer paso de prepara mi hoja de vida, y practicar para posibles preguntas que me pudieran hacer. En mi hoja, enfaticé mi experiencia como orador y entrenador de lideres, cosa que vieran que aunque no tenía experiencia en el ámbito corporativo, sí sabía como entrenar, y que lo hacía excelentemente.

Subí la solicitud a la plataforma de empleo y la envié. Decidí tomar acción. Tenia fe de que me iban a llamar.

Al día siguiente, me llamaron, y entreviste por teléfono. El reclutador me dijo que sometería su reporte y me dejaría saber si estaban interesados. En menos de 24 horas, me invitaron a una entrevista en persona. Aunque parecía que todo se estaba moviendo demasiado rápido, en mi había paz y la confianza de que era parte de mi destino. Eso me hizo sentir muy seguro de que esa plaza de empleo era mía. Me acuerdo que me costo mucho dormir la noche antes de la entrevista, así que decidí seguir practicando para la entrevista.

El día de la entrevista, me vestí y me arregle mejor que nunca. Mi cabello impecable. Mis zapatos brillantes. Mi traje, camisa, y corbata puesta en su lugar. Después de la primer entrevista, la vice presidente de recursos humanos me comento que aunque yo no poseía los años de experiencia en el campo del entrenamiento corporativo, quedó muy impresionada con mis destrezas y profesionalismo. En ese mismo momento, decidió presentarme al gerente quien seria mi jefe, y quien tendría que tomar la decisión.

Mi entrevista con el fue fenomenal. Y en una forma irónica, el y yo teníamos casi la misma historia, y trayectoria. Fue una conexión instantánea.

Después de la entrevista, se despidió de mi, y me dijo que me llamaría con una decisión, y si me seleccionaban, comenzaría en un par de semanas. Al salir de la entrevista me encontré con mi esposa en un restaurante para relajarme un poco, y contarle cómo me había ido. Le dije a mi esposa que presentía que me contratarían, y que no me sorprendería si me llamaban antes de lo que ellos habían dicho.

No había terminado de decir aquellas palabras cuando el teléfono celular timbro. La vice presidente de recursos me pregunto, "Se que es algo rápido pero, ¿puedes comenzar mañana?" Con mucha calma, y aguantando las ganas de gritar, le conteste, "Como no. Muchas gracias por la oportunidad." Estaba estático, y, al mismo tiempo, no me sorprendió. Esa decisión me posiciono en un camino de crecimiento y ganancia económica durante una de las peores recesiones en la historia de los Estados Unidos.

La decisión de vencer el temor que sentía, y salir del basurero donde me encontraba, hizo que mi carrera despegara como un cohete. Esa puerta abrió otras puertas para enseñar a nivel universitario, trabajar como consultor en el campo de aprendizaje por la Internet. Solo uno años después, fui contratado por una corporación aun mas grande, me ofrecieron dos puestos de profesor, y comencé mi propia corporación.

Mi historia no es única, y no soy nadie tan especial. Tampoco cuento esto para darme importancia. Lo comparto para que pueda ver lo que sucede cuando tomamos una decisión. Si yo pude, usted también puede. Solo le queda tomar una decisión.

COMO TOMAR UNA DECISIÓN

1. **Comience donde se encuentre**
   Muchas personas se paralizan por el temor y duda de que no tienen todo lo suficiente para lograr el éxito. No espere tener todo lo que necita para comenzar. Comience donde se encuentre. Tome acción hoy.

2. **Confíe en su instinto**
   Cuando tomamos acción, nuestro instinto nos guiara y nos dejara saber si vamos por el camino correcto. No complique tanto las cosas. Confíe que todo saldrá bien.

3. **Manténgase positivo**
   El tomar acción puede ser algo incomodo, y nuestros viejos patrones suelen ponernos en un estado negativo. Triunfe sobre el negativismo con pasamientos, acciones, y confesiones positivas.

4. **Trabaje como una bestia**
   Uno de mis jugadores de futbol americano es Marshawn Lynch. La razón que me gusta es porque el juega como un bestia. Incluso, por el se comenzó un nuevo termino, "Beast Mode" (Modo Bestia). Cuando Lynch entra en "Beast Mode" se transforma en otra persona, alguien súper humano. No hay nade ni nadie que lo puedan detenerlo. Trabaje duro en lo que quiere ver realizado en su vida.

5. **Lave, enjuague, y repita**
   Es muy importante reconocer que el tomar una decisión es algo que siempre tendrás que repetir. Este proceso no termina. Es importante nunca estar satisfecho y dejar de crecer. Lave, enjuague, y repita constantemente.

EL CONCEPTO DE TOMAR UNA DECISIÓN ES SIMPLE, PERO NO FÁCIL.

La decisión de querer salir del basurero es un concepto simple de entender. Después de todo, ¿quien quiere pasar todo el tiempo dentro de un basurero? Al mismo tiempo, el tomar una decisión por salir no es fácil. No es fácil porque requiere que reprogramemos nuestra mente. Esto requiere esfuerzo, determinación, consistencia..

No es fácil:

- Comenzar un negocio
- Ganar mas dinero
- Aprender nuevas destrezas
- Cambiar de profesión

Y, que bueno que no es fácil. Porque lo que fácil llega, fácil se pierde. Todos hemos escuchado de la persona que se gana el premio de la lotería, solo para terminar en la quiebra, porque lo que llega fácil, fácil se pierde.

El tomar una decisión requiere pasos firmes, llenos de fe y determinación. El tomar la decisión de salir el basurero, aquel lugar en cual hemos pasado tanto tiempo, y aunque es incomodo y huele mal, requiere tomar una decisión.

Tomar una decisión es querer algo mas. Significa decidir ser feliz, sentirnos a gusto, saber que vamos avanzando en la vida. Al principio, no es sexy, no es algo lujoso. Al principio no vemos resultados. El tomar una decisión es lo mismo que plantar una pequeña semilla. ¿Quien planta una semilla hoy, y espera recoger el fruto al siguiente día? No, esa semilla necesita ser plantada, necesita agua, fertilizante, cuidado, y…tiempo. Pero, nunca dará fruto a menos que alguien no tome la decisión de plantarla.

Su primer semilla es decidir salir del basurero. Punto. Próximo, es ser consistente en tomar los pasos necesarios para asegurar su éxito. Después que tome la decisión, tenga fe, trabaje duro, sea paciente, y vero lo que pasará en su vida con el pasar del tiempo. ¡Créame!

4

YO PUEDO: EL PODER DE LA AUTOESTIMA

"Con la realización en nuestro propio potencial y autoconfianza en nuestras habilidades, podemos construir un mundo mejor."
El Dalai Lama

Una vida dentro del basurero no nos permite tener mucha autoconfianza, autoestima. No permite creer en nuestras habilidades. Incluso, en muchos casos, salir del primer basurero nos puede hacer pensar de que fue por pura suerte que salimos, y que no podemos volver a repetirlo. Y es aquí donde las personas vuelven a caer dentro de un nuevo basurero sin poder salir de el. Esto sucede por la sencilla razón de que no creemos en nosotros mismos.

Para mi, salir del primer basurero fue relativamente fácil en comparación a los otros basureros que me a tocado enfrentar. La razón es porque a pensaba que no merecía subir a un nivel mas alto. O por el estigma que existe que el ser exitoso significa que se hizo trampa, o que alguien simplemente nos hizo el favor para poder llegar a ese nuevo nivel. Creerle a esas voces dentro y fuera de nuestras cabezas es una receta para volver al basurero.

También existen fuerzas y voces externas que se oponen al crecimiento y el éxito de otros.

Suelen decir cosas como:

- Que bueno que saliste del basurero, no hay necesidad de crecer mas.
- No seas tan ambicioso.
- Mantente humilde y callado.
- No busque ser mas de lo que Dios te llamo a ser. Si te tiene ahí es su voluntad.
- ¿Por que no regresas de donde saliste?
- Conoce tu lugar.
- Y muchas otras expresiones.

Quiero aclarar que estas no so palabras hipotéticas, son algunas de las cosas que me han dicho durante mi ascenso fuera de mis basureros. Algunas de ellas salieron de la boca de oficiales religiosos. Imagínese comenzar a salir de donde se encuentra, solo para tener que oír cosas así. Imagínese tratar de jugar en un campo que no conoces, con reglas que no entiende, y las cuales no se las quieren explicar. Y lo peor es que usted quizás no conoce a nadie que lo a hecho antes, ni sus padres, ni sus hermanos, ni sus amigos, ni sus parientes. Nadie que usted conoce.

SI NO TIENE CUIDADO, Y ESCUCHA ESAS VOCES POR MUCHO TIEMPO, TERMINARA ADOPTANDO PENSAMIENTOS DE DERROTA.

El escuchar voces negativas lo dejara con poca confianza para seguir adelante. Incluso, puede hasta pensar de que es imposible seguir creciendo, que llego a su limite, así que sea agradecido y dele gracias a Dios.

Si no tienes cuidado, se convencerá que ya logro lo suficiente. Usted y yo fuimos creados para grandeza. No importa el color de su piel, su idioma, su sexo, su religión, su cultura, o donde su vida comenzó.

Con el pasar del tiempo, y siguiendo los principios de los cuales hablo en este libro, mi autoestima es mas grande hoy que cuando comencé mi jornada. Yo adopté la creencia que dice, "Todo lo puedo en Cristo porque el me fortalece." Que Dios y yo somos mayoría, y que no tengo limites.

APRENDÍ QUE CON PACIENCIA, E INVIRTIENDO BIEN MI TIEMPO, Y SI ESTABA DISPUESTO A TRABAJAR MAS FUERTE QUE LAS OTRAS PERSONAS A MI ALREDEDOR, NO HABÍA NADA QUE NO PODÍA LOGRAR. NADA.

Es por esa razón que, cuando obtuve mi diploma de la escuela superior, decidí continuar mis estudios en la universidad. Después mi primera maestría, y una segunda maestría, y un doctorado, y todavía no me detengo.

Recuerdo en a través de ese largo proceso muchos me decían, " ¿Por qué y para que?" Me preguntaban, "¿Qué vas a hacer con tanta educación?" Y claro, ahora comprendo porque me hacían esas preguntas. Desafortunadamente, me crie en un ambiente donde muy pocos había logrado un nivel de educación mas alto que el de la escuela superior. Muy pocos tenía un titulo universitario. Incluso, creo que no conocí a nadie que había asistido la universidad hasta que tenia mas de 20 años de edad.

Del otro lado, cuando comencé a estudiar, en la universidad y en el seminario donde asistí, no tenían una gran representación de personas como yo. Y también algunos de ellos comenzaron a formular curiosas preguntas, tales como, "¿Eres legal?" "¿Y como llegaste aquí?" Me tocó tener que escuchar comentarios y expresiones llenas de prejuicio y racismo.

Ninguno de los dos lados me ayudo mucho en el área de mi autoestima. Pero había algo dentro de mi que me daba a entender que sí podía, que podía convertirme en un ejemplo para ambos bandos.

Como yo quería estar involucrado en una carrera eclesiástica, encontré una pequeña universidad cristiana en Lancaster, Pensilvania, donde también encontré empleo parcial como pastor juvenil y pastor Hispano para una antigua iglesia en medio del barrio puertorriqueño. Con la ayuda de un incansable reclutador, quien paso horas en el teléfono con el estado de Nueva York para que le enviaran mis calificaciones, pude ingresar en la universidad. No tenía idea en lo que me estaba metiendo. Me sentía como un pez fuera del agua. No tan solo era el único Latino en mi clase, pero era uno de cinco en toda la universidad, y uno de los únicos estudiantes casado y con hijos.

El ser un estudiante casado y con hijos también significaba que no podía vivir en la vivienda universitaria, y mis días los pasaba viajando desde mi humilde apartamentito, trabajando dos empleos a tiempo parcial, y el resto del tiempo haciendo los trabajos de la universidad. Fue un ritmo bastante pesado.

No tardó mucho tiempo para sentirme que no pertenecía en ese ambiente. Lo sentía de parte de algunos profesores y alumnos. Un día uno de mis compañeros enojadísimo conmigo por defender la causa de los inmigrantes Mexicanos en los Estados Unidos me reto diciendo, "¿Por que mejor no te regresas de donde viniste?" Cuando trate de explicarle que era puertorriqueño, y que, por ende, era ciudadano estadounidense, me dijo que todos los puertorriqueños éramos unos "tramposos."

En otra ocasión, mientras un profesor nos daba una cátedra acerca del libro de los Romanos, me miro casi en mis ojos y dijo, "No trates de lograr mas de donde Dios te puso, ni trates de ser mas de lo que te hizo." "Si eres pobre," expresó poéticamente, "¿Por que intentar lograr mas?

Estas experiencias por poco me quebrantan. La tentación fue darme de baja, y volver de "donde venia." Pero rehusé escuchar aquellas voces porque sentía que tenía y propósito por cumplir y que podía lograrlo. Al mismo tiempo, la noción de que mi esposa y mis hijos me vieran como alguien que simplemente dejo que otros le ganaran con sus palabras y desprecios, me desveló en mas de una ocasión.

También encontré grandes aliados y confidentes como uno de mis profesores, el Dr. Ayers, quien se ha convertido en un gran mentor hasta el día de hoy, y grandes compañeros como Erik Weaver y Ed Jellif, quienes me retaron trabajar aun mas fuerte y me instaron a que creyera en mi mismo.

El creer en mi miso hizo que pudiera terminar mi carrera universitaria en tres años, ganase grandes premios académicos, y una beca para ingresar en el seminario donde saque mi primer maestría.

Permíteme hacerle una pregunta. "¿Que tiene usted en sus manos en este momento?" Un libro, un Kindle, una iPad. Le hago esa pregunta para que sepa que todo lo que tiene a su disposición en este momento es suficiente para comenzar a salir del basurero donde se encuentra. Lo único que tiene que hacer es creerlo.

La Biblia relata la historia de la liberación del pueblo de Egipto después de 400 años de esclavitud. En ese entonces, Dios llamó y le ordenó a Moisés a sacar a los israelitas del basurero donde encontraban. Moisés se sentía inadecuado para lograr lo que Dios lo estaba llamando a hacer. Dios le hace una simple pregunta, " ¿Qué tienes en tu mano?" "Un vara," contesto Moisés.

Moisés era un simple pastor de ovejas. Nada impresionante. Sin embargo, pese a aquella limitación, tenia todo lo que necesitaba para liberar a toda una nación de las garras de la esclavitud. Usted y Dios son una mayoría. Lo que actualmente tiene en su mano, y el poder que Dios le da, es suficiente para salir del basurero.

Esa clase de mentalidad hizo que mi autoestima creciera. Pensaba que podía lograr lo que me propusiera. La autoestima es "la percepción que tenemos de nosotros mismos, y afecta todos los aspectos de nuestra vida.

LA CLAVE PARA LA AUTOESTIMA ES CREER DE QUE TODO LO QUE NECESITA PARA LOGRAR UN CAMBIO EN SU VIDA YA LO POSEE DENTRO DE USTED—¡YA ESTA EN USTED!

Nosotros somos seres increíblemente poderosos y capaces, cuando lo creemos. Siente que no tiene a nadie que crea en usted. Esta bien. El único que cuenta es usted. Usted es el único que tiene que creer que puedes salir el basurero. En usted existe grandeza. Todo lo que necita para salir esta a su disponibilidad. Créame, nunca falla. Pero tiene que creer en si mismo, en su potencial, en su propósito divino, y en su destino.

En mis momentos mas difíciles, quizás cuando otros me decían que yo no podía lograr lo que me proponía, o que no tenia lo recursos necesarios, siempre e mirado lo que actualmente tengo a mi disposición, oro a Dios, y digo, "¡Vamos adelante!" Decido cerrar mi mente a las voces negativas. Elimino la excusas. Me despojo de toda negatividad. Rehúso tener una mente de victima, y hago lo que tengo que hacer, y lo que nadie hará por mi.

Esta clase de mentalidad siempre me a dado el denuedo y la fortaleza necesaria para comprobarme a mi mismo de si puedo.

LA AUTOESTIMA SE GANA PASITO A PASITO

La autoestima se gana un paso a la vez, una meta a la vez. Dando pasos cortos pero seguros. Vivo en el piso numero 27 de un edificio en el centro de la ciudad de Miami. Con toda la autoestima que pueda tener, es imposible subir mas de un par de escalones a la vez. Ahora, paso a paso, piso por piso, es totalmente posible (y saludable) llegar a mi apartamento subiendo las gradas. El problema está cundo las personas tratan de correr antes de andar. Nunca subestime lo pequeños pasos al comienzo de su jornada. Con cada paso, cada escalon viene una mayor fuerza para poder alcanzar sus metas.

Usemos el ejemplo de querer cambiar de carrera. Sería sumamente difícil hacer un cambio de carrera de un solo brinco. Esa clase de cambio lleva pasos muy importantes:

- ¿Es este un cambio que verdaderamente quiero hacer?
- ¿Por qué?
- ¿Cuales son los requisitos?
- ¿Necesito regresar a estudiar? ¿Formal? ¿Informal?
- ¿Conozco a alguien en ese campo?
- Si no conozco a nadie, ¿Dónde puedo ir para conocerlo?
- ¿Es esto es algo que puedo hacer a tiempo parcial?

Estas preguntas suelen ser obvias, ¿Verdad? Y si lo son. Al mismo tiempo, ellas forman parte de los pasos necesarios para poder crecer poco a poco hasta llegar a la nueva meta.

El lograr metas pequeñas nos dan la autoestima necesaria para seguir alcanzando otras.

Esta es la formula que he utilizado para crecer en todo aspecto en mi vida. En lo económico:

- Me propuse una meta de lo que quería ganar.
- Investigue los empleos y negocios que me podían llevar a esa cifra.
- Me prepare, estudie, intente, fracase, me prepare, estudie, intente…el ciclo nunca termina.
- Comencé a tiempo parcial para no poner en riesgo mi entrada principal.
- Cuando funciono, hice el cambio de una manera ordenada.

En lo físico:

- Subí a la bascula para ver donde me encontraba.
- Calculé a que peso realísticamente quería llegar.
- Calculé cuantas calorías tenia que consumir y quemar.
- Calculé cuanto tiempo me tardaría en lograr la meta, sin que me afectara mi salud.
- Hice un plan de alimentación.
- Hice un plan de ejercicios.
- Comencé el programa.

- Seguí el plan hasta llegar a mi meta, sin dejarlo a un lado.

La autoestima es algo que crece con el tiempo, a pasos lentos y seguros. Si no tomamos nuestro tiempo y nos apresuramos mucho, cometemos errores tan grandes que nos paralizan para seguir adelante.

Yo pase de ganar poco dinero a vivir en un condominio con una vista espectacular, manejar el auto de mis sueños, y hacer cosas que solo soñaba, creando un plan, educándome mas, ganando nuevas destrezas, y haciendo nuevos contactos.

Paso a paso. Yo estaba sumamente sobrepeso, y paso a paso, llegue a la meta que quería. Yo no tenía nada de educación formal, y paso a paso me convertí en un doctor. Hoy tengo mas autoestima que cuando comencé. Y todo porque me dije a mi mismo, "Tu puedes."

DEJE ATRÁS EL PASADO

La autoestima no puede crecer si nos mantenemos arraigados a los errores del pasado. Todos tenemos cosas en nuestro pasado que nos afecta hoy. Es mas, lo que somos hoy es un reflejo del pasado. ¿Tuvo una mala infancia? ¿Decidió no estudiar? ¿Esta sobrepeso? ¿No tiene ni siquiera un peso? Todo eso proviene de su pasado.

Bien, a menos que no posea una "maquina de tiempo," no hay absolutamente nada que pueda hacer al respecto. Lo que nos queda ahora es marchar hacia adelante. Deje el pasado en el pasado, y no lo use como un ancla para detener lo que quieres alcanzar en el futuro.

LOS PASOS QUE TOME HOY CREARAN SU FUTURO.

Lo que tiene en el presente es un hidiondo basurero del cual tiene que salir. Lo que lo llevó al basurero es irrelevante. Usted puede vencer los errores del pasado tomando acciones hoy que sean de crecimiento y beneficio. Los pasos que tome hoy dictaran lo que suceda en su futuro.

Cambie lo que piensa del pasado, y haga correcciones. Esto lo llevara a nuevos comportamiento:

- Cree una nueva persona dentro de usted. Decida substituir todos esos viejos hábitos destructivos por unos que sean nuevo.
- Mírese al espejo y dígase, "Fui creado maravillosamente y tengo un futuro prometedor."
- Comprométase a aprender y desarrollarse para poder darle una nueva dirección a su vida y a su futuro.
- Deje atrás las excusas. Decida de una vez y por todas que solo tendrá resultados.
- Deje de pasar tanto tiempo con amistades y familiares que solo lo que quieren es verlo fracasar.
- No pierda tanto tiempo frente a la tele. Saque tiempo para leer, aprender, planificar, y tener una visión del futuro.

- Mantenga los ojos abierto a nuevas oportunidades de empleo o negocios.
- Tome tiempo para perdonar, a otros y a si mismo. El perdonar es una de las mejores formas de dejar el pasado atrás. El perdonar reconoce que hubo una infracción, y que ha decidido dejarlo atrás. Sigua adelante.

El dejar el pasado atrás lo convertirá en una nueva persona. Otros verán la diferencia en usted. Su reputación cambiará y esto le abrirá nuevas puertas de oportunidad. Comience hoy a trazar un nuevo futuro.

SI, PUEDO LOGRARLO...

Yo soy una persona de fe, y creo que la mano de Dios se mueva a favor de aquellos que creen que son su creación. Uno de mis versos favoritos, el cual lo repito todos los días es, "Todo lo puedo en Cristo quien me fortalece." Fíjese que ese verso no dice que Dios hará algo. Dice usted (yo) lo puedo (hacer) en Cristo. Yo puedo lograrlo. Dios esta de mi lado. La fortaleza estará presente cuando la necesite. Usted tiene el poder de salir de la situación donde se encuentra, y de lograr grandes metas.

En su jornada fuera del basurero no estas solo, todo lo puede lograr con la ayuda de Dios. Recuerde que Dios lo ayuda, pero usted tiene que ayudarte a si mismo. Es como mi querido bisabuelo, Mingo, siempre me decía, "Mijo, Dios dice: 'Ayúdate, que yo te ayudare.'" Ayúdese a si mismo a triunfar y vera como la mano de Dios estará disponible para hacer aquello que es imposible. Usted hace lo posible y Dios lo imposible.

HAGA ESTA AFIRMACIÓN DIARIAMENTE: "ME ESTOY AYUDANDO A MI MISMO A SALIR DE ESTA SITUACIÓN, PERO NO ESTOY SOLO, DIOS ESTA DENTRO, FUERA, Y TODO A MI ALREDEDOR LISTO PARA AYUDARME. YO PUEDO LOGRARLO."

LEVANTAMIENTO DE PESA MENTAL

Algunos años atrás comencé a practicar una forma de levantar pesas llamada "Powerlifting," (Levantamiento de Poder). Es una forma la cual consiste de cinco intentos a una capacidad máxima de peso en tres movimientos. Es simple y la meta es retar a la persona a incrementar el peso, un poco a la vez. La competencia es la persona con las pesas. Se necesita la técnica correcta y total concentración mental. Si no, uno corre el riesgo tener una lesión.

Lo mismo se puede decir con la mente. Al principio de la jornada para salir del basurero, nuestros pensamientos no son los tan fuertes. Pero, con persistencia nuestra mente y pensamientos pueden fortalecerse. Habrán días cuando piense que a llegado a su limite mental. Cuando esto suceda, siga presionando con firmeza, disciplina y consistencia. Verá como con el tiempo podrá levantar mas peso.

RECUERDE ESTE PUNTO:

USTED ESTÁ EN COMPETENCIA CONSIGO MISMO, NO CONTRA NADIE MAS.

En "Powelifting" la persona se fortalece poco a poco cada día mas. Es un progreso muy personal Si las persona intenta levantar un peso mas alto de lo que actualmente pueda, solo porque la persona a su lado lo esta haciendo, puede terminar lesionado. Lo mismo es con nuestros sueños y metas. Estas tienen que ser muy personales. Si nos ponemos a compararnos con otras personas e intentamos "levantar" lo que ellos "levantan," vamos a vivir frustrados y derrotados. El comparase a otra persona nunca es una practica fatal.

Lo que yo e podido lograr en lo personal es porque vivo en un contaste estado de competencia conmigo mismo, y nunca contra nadie mas. Nunca estoy satisfecho con lo que logrado. No me malinterprete, si estoy agradecido por mis logros, pero nunca satisfecho. El Reggie de hoy tiene que ser mejor que el de ayer, mas fuerte, mas inteligente, mas exitoso, pero no mas que el Reggie de mañana.

Los logros me han dado una gran confianza en mis habilidades, y esa confianza me reta a lograr aún más. Esa competencia interna me ha forzado a dedicarme cada día mas, y eso me a permitido ganar terreno que parecía perdido por los años que desperdicie por la malas decisiones. La confianza en mi mismo es mucho mas fuerte hoy que lo fue ayer, pero no llegó de la noche a la mañana. Es un disciplina de esfuerzo y dedicación a largo tiempo. No hay otra forma.

Así que, no se compare a mi, o a ninguna otra persona. Su ritmo, su progreso, su éxito es algo muy personal. Sí podemos tener modelos los cuales admiramos, pero solo hasta ahí. Ellos pueden inspirarnos a seguir adelante, per eso es todo. Enfóquese en usted mismo y como puede constantemente mejorar.

5

ENFOCADO EN LA EJECUCIÓN

*"No esperes hasta que las condiciones sean perfectas para comenzar.
El comenzar hace las condiciones perfectas."*
Alan Cohen

Hoy parece haber una explosión de programas para enseñar a personas como escribir sus metas. Quizás lo ha visto en Facebook o Instagram. Y aunque esas herramientas son una buena idea, no harán que las metas aparezcan como por arte de magia. Incluso, la triste realidad es que muchas metas mueren una muerte prematura en las mismas paginas donde son escritas. Pero eso no tiene porque ser su realidad. La buena noticia es que todas sus metas y planes pueden ser una realidad si se enfoca en un solo concepto: ejecución.

PARA QUE SUS PLANES COMIENCEN A TOMAR VUELO, PRIMERO NECESITA UNA CHISPA, UN BOTÓN DE DESPEGUE. ¡LA CLAVE ESTA EN LA EJECUCIÓN!

Ejecución se refiere a poner acción a su plan. Así que primero necesita estar claro cual es su plan de acción. Sin el, ejecutar le será imposible. Para poder salir de el basurero, yo necesité ejecutar un plan en mi vida. Salir de esos basureros requiere una persistente ejecución de un plan. Significa tomar pasos claros, firmes y consistentes. El solo pensar en lo que quiere no es suficiente para cambiar su situación.

Toda la fe del mundo no logra nada si no conlleva acción. A todos nos llega un punto donde tenemos que parar de pensar y escribir lo que queremos lograr, necesitamos ejecutar nuestro plan. No podemos esperar que todas las condiciones sean perfectas, de tener todo el dinero que necesitamos, de gozar de las relaciones perfectas, de poseer toda la educación que necesitamos antes de comenzar a mover nuestros pasos. Tenemos que comenzar hoy.

Gary Vaynerchuk, es un inversionista y autor de varios libros muy bien vendidos en el área de ventas y mercadeo. Gary dice que recibe una gran cantidad de solicitudes de personas que quieren que el invierta en sus empresas, pero no sin que antes el firme un NDA (acuerdos de no divulgación). Él dice: "Mi primera respuesta es, ¡Ha!" "¿Por qué reacciona de esa manera? Porque el cree la mayoría de esos planes son una pérdida de tiempo. Él está convencido de que al final del día, "Todas las ideas son pura basura, lo importante está en la ejecución de ese plan!" Cualquiera puede tener una "gran idea" o un plan. Ahora, el hacer que esa gran idea se convierta en una realidad, es algo completamente distinto. La mayoría simplemente pasan toda una vida pensando y planificando hasta darse por vencido. Nunca ejecutan.

Muchos comienzan, pero muy pocos terminan. No ejecutan su plan. Se dan por vencidos. Pierden las ganas.

Pierden la visión. Por eso es tan importante el transformar nuestra mente; definir claramente lo que deseamos en nuestra vida; en encontrar nuestro propósito, nuestra pasión, y definir nuestra razón de existir. Es por eso que usted tiene que decidir que quiere salir de ese basurero y ser capaz de imaginar una nueva realidad. La ejecución de un plan requiere pasión y compromiso.

Cuando me inscribí para sacar mi doctorado, me familiaricé con las siglas TMT. "¿Qué es eso?", Pregunté. TMT (ABD en Ingles) significa, "Todo Menos Tesis", refiriéndose a los estudiantes que completan todos los trabajos académicos y toman los exámenes, así cumpliendo todos los requisitos para convertirse en un candidato a PhD, pero se atoran en un basurero y no completan su tesis. Nunca de convierten en doctor. Nunca cumplen ese gran sueño.

Uno de mis profesores nos dijo la durante la orientación, "Asegúrese que verdaderamente quieren lograr esta meta. Asegúrense de que tienen la pasión por esta disciplina porque, de no ser así, no se graduaran. Es mejor salir del programa ahora! "

Este es un gran consejo que puede ayudarnos en cualquier área, cualquier disciplina, en todo lo que queremos lograr: termine lo que comience.

LOGRE TODO LO QUE SE PROPONGA. SIGUA SUS PLANES HASTA EL FIN; SIN DESCANSAR, SIN VACILAR, SIN CONFORMARSE CON CUALQUIER

OTRA COSA QUE NO SEA VER SU PLAN MATERIALIZADO.

Muchas personas se disponen iniciar su propio negocio, pero después de escribir el plan de una forma hermosa y detallada, nunca se lanzan, nunca comienzan. Nunca ejecutan su plan. La mayoría de las empresas no fracasan por falta de grandes ideas, sino por falta de ejecución. En un artículo publicado en la revista Forbes titulado "Las empresas no fallan – fallan sus líderes," Mike Myatt dice: "Todo éxito se reduce a como sus lideres ejecutan su trabajo."

SALIR DEL BASURERO Y SUPERAR LAS LIMITACIONES PARA ALCANZAR NUESTROS OBJETIVOS REQUIERE LA INCANSABLE EJECUCIÓN DE NUESTRO PLAN DE ACCIÓN.

Uno de mis mentores me enseñó la importancia de este concepto. Mi mentor es un individuo muy exitoso siempre me recuerda: "Doctor, es genial planificar las cosas, ahora, ejecuta! ¡Pon ese plan en marcha! Comienza el proceso porque nunca se cumplirán por si solo."

PRÓXIMO PASO

La ejecución requiere que constantemente nos preguntemos:

- ¿Y ahora qué tengo que hacer para lograr mi meta?
- ¿Qué tengo que aprender con el fin de ejecutar mi plan?
- ¿Qué debo leer?
- ¿Qué tipos de personas necesito a mi lado?
- ¿Es necesario hacer un cambio de ubicación, empleo, o ciudad para materializar mi plan?
- ¿Qué necesito invertir en términos de días, semanas, meses o años, o dinero?

El ejecutar requiere darle tiempo y prioridad a su plan todos los días. Es muy importante saber administrar bien el tiempo que tenemos. Esto lo podemos lograr creando un calendario o una agenda con los pasos a seguir. No importa que sistema use para planificar sus próximos pasos, la cuestión es que lo haga.

Cuando finalmente decidí salir del basurero hice un plan de 20 años con mis metas de educación, ingresos y empleo. Veinte años es mucho tiempo, y parece inalcanzable. Pero es muy importante saber para donde voy. Lo mas que me gusta es poder tachar las metas cumplidas y así poder crear nuevas metas. Algunos días son mejores que otros, y no todo sale como lo planificamos, lo importante es ejecutar todos los días.

¿QUÉ TANTO LO QUIERE LOGRAR?

Cuando uno verdaderamente quiere alcanzar algo, esta dispuesto a pagar el precio. A veces tenemos que decirle "no" a muchas cosas que quizás queremos hacer. La ejecución de su plan lo forzara a estudiar mientras otros gozan del cine; despertarse a las 3 de la mañana para escribir ese libro; trabajar noches, fines de semanas, y días feriados. La ejecución de un plan significa tiempo, dinero y sacrificio.

"OPRIMA PLAY!"

Hace un tiempo atrás me encontraba obeso, con 40 libras de mas. Yo sabía que tenía un problema. Mi médico me dijo: "Estas pre-todo (diabetes, hipertensión, colesterol). Te daré un año para que busques la forma de controlar este problema, sino tendrás que tomar toda clase de medicamento para controlar tu salud."

En ese momento, yo tenía tres opciones:

1. No hacer nada;

2. Crear un plan y no hacer nada; o

3. ¡Crear un plan y ejecutarlo!

Yo sabía que tenía que hacer algo, pero ¿estaba dispuesto a poner el plan en acción? No sabía cómo, ni por dónde comenzar. Pero sí sabía que no quería tener problemas de salud, especialmente si podía hacer algo al respecto.

Esa misma semana, viendo un infomercial, me encontré con un programa de entrenamiento perfecto para mi. No lo pensé mucho, marqué el número de teléfono, y lo ordené. Puse una meta fija: "Voy a completar este programa en 90 días!"

El primer día del programa por poco me muero. Estaba tan fuera de forma, que me arrepentí haberlo comprado. Sin embargo, seguí ejecutando el plan. Programé mi despertador para levantarme temprano en la mañana, seis días a la semana. Oprimí "Play" en el DVD, por 90 días, todos los días sin falta.

Después de 90 días me sentía fuerte, había bajado de peso, y tenia mas energía que nunca. Decidí hacer el programa por 90 días mas; y después 90 días mas. El ejercicio se convirtió en un estilo de vida, parte de mi rutina diaria. Todo porque decidí ejecutar mi plan.

Al año siguiente, mi doctor me informo, "Estás en buen estado de salud. Todos los niveles están perfecto."

ES TRABAJAR DURO, O NADA

Ejecutar su plan de acción significa trabajar muy duro. Significa no descansar hasta llegar a un nuevo nivel. Me gustaría poder decir que existe otro camino al éxito, pero simplemente no lo hay. Durante cinco años, mi día comenzaba antes 4:15 de la mañana. Hacia mis ejercidos, trabajaba todo el día, daba clases en la universidad por la noche, y llegando a mi casa a las 11:30 de la noche. Los fines de semana calificaba los trabajos de mis estudiantes, y escribía mi tesis. Fue duro, intenso, difícil, frustrante, y agotador. Sin embargo, ese era el precio que tenia que pagar. Es trabajar duro o nada.

Para obtener resultados, para salir del basurero, se necesita estar enfocado en la ejecución de nuestro plan. No se puede ser perezoso y querer salir de el basurero al mismo tiempo. No es posible. Tiene que elegir uno u otro. El 90 porciento del éxito es la ejecución. Así de simple.

LA DILACIÓN ES SU PEOR ENEMIGO

El peor enemigo que tendrá que afrontar en alcanzar sus metas es la dilación. La dilación se define como "el acto o hábito de postergar o retrasar las cosas que requieren inmediata atención." La tentación es siempre querer dejar las cosas para "mañana" o para cuando las condiciones "sean perfectas." La realidad es que las condiciones nunca serán perfecta, y "mañana" nunca está garantizado. Lo único que tenemos es el presente. Hoy. Ahora mismo.

¿Por qué es que posponemos las cosas? Según los estudios realizados, hay cuatro razones principales:

1. Carecemos el conocimiento:

Esta es una de las razones más básicas para la dilación. Si siente que no tiene el conocimiento o habilidad para hacer algo, va a postergar las cosas. Pero este obstáculo es uno de los más fáciles de identificar y atacar. Si caeremos el conocimiento, salga, busque el conocimiento que necesita y aprenda. Así de sencillo.

2. Carecemos el interés:

De vez en cuando es natural aburrirse con lo que estamos haciendo. Pero la ausencia constante de interés es un buen indicio de que lo que quiere hacer no es su pasión. Esa falta de interés le impedirá el poder ejecutar. Por lo tanto, si se pierde el interés en lo que estás haciendo, sea honesto consigo mismo y determine si siente pasión por lo que está haciendo.

3. Carecemos de motivación:

La motivación es el combustible que necesitamos para completar las tareas, y está estrechamente conectada con nuestros intereses. Ahora bien, es importante tener en cuenta que la motivación llega después de hacer las cosas, no antes. Algunas personas dicen erróneamente, "Voy a comenzar cuando esté motivado." Eso es un error de un amateur. Los profesionales se enfocan en ejecutar su plan, estén motivados o no porque la motivación viene por la meta alcanzada. Comience a ejecutar su plan, ya llegará la motivación.

4. Tememos al fracaso:

Ya hemos aprendido que la mayoría de las personas están programadas para creer que el fracaso es malo. La verdad es que todos fracasamos. Todos. El fracasos pueden enseñarnos grandes lecciones. No se puede jugar a lo seguro todo el tiempo y el hacerlo, es una manera segura de terminar en el basurero.

COMPROMISO, DETERMINACIÓN, Y PERSISTENCIA

La ejecución requiere compromiso, determinación y persistencia. El compromiso requiere que tenga un "¿Por qué?" ¿Por qué desea hacer lo que está planificando? El compromiso requiere una razón. Encuentre su " ¿Por Que?" y también encontrará el compromiso para cumplirlo.

Tener determinación significa que está firme en su propósito. En su mente no existe ninguna otra opción. Se podría decir que no existe un "Plan B." De hecho, una vez escuché a alguien decir que el tener un "Plan B" es que no tienes la determinación para su "Plan A." La determinación significa ejecutar en todo momento.
Yo siempre he dicho que "La determinación destruye la dilación!" No existe mañana. Hágalo hoy.

La persistencia se asemeja a la determinación, pero también incluye el factor tiempo. Esto significa que le tomará tiempo para alcanzar lo que desea y convertirte en un maestro en algo. Robert Greene escribe que el convertirse en un maestro en algo se tarda alrededor de 10,000 horas. No se puede esperar en que milagrosamente sea espectacular de la noche a la mañana. Es cuestión de minutos, horas, días, semanas, y años. Va a tener que invertir mucho tiempo. Por lo tanto, persista, esto es un maratón, no una carrera de 100 metros.

6

ENFOCADO EN EXCELENCIA

"La voluntad de ganar, el deseo de éxito, la urgencia de alcanzar todo su potencial ... son las claves que abrirán la puerta a la excelencia personal."
Confucio

En el libro, "Good to Great" (De Bueno a Excelente), James Collins afirma que el ser "Bueno es el enemigo de ser excelente." Collins se enfoca en empresas que en un tiempo eran excepcionales, pero se tornaron mediocres. Todas las empresas que Collins estudió se consideraban buenas corporaciones. Sin embargo, esa misma creencia fue la que les impidió convertirse en empresas excelentes. Según Collins, el creer ser bueno es un error. Incluso, se convierte en el enemigo de lo excelente. El pensar que uno es "lo suficientemente bueno" nos detiene de poder alcanzar aún mas, es una receta para la mediocridad, y una vía segura a otro basurero.

EL SER COMÚN ES MALO

Usted debe entender un principio muy importante: el ser común es malo. El ser común no lo llevará muy lejos en la vida. El mundo está lleno de gente común. Son personas que hacen las cosas a medias, sin mucha calidad. La gente común no brillan, no se destacan. La persona común simplemente se mezclan con las masas y les e imposible sobresalir. La gente común no inspiran, no motivan, y no avanzan.

EL SER COMÚN LO PUEDE LLEVAR A UN BASURERO PERMANENTE. EL SER COMÚN NUNCA LE DARÁ LAS OPORTUNIDADES QUE DESEA. SI REALMENTE QUIERE CRECER Y DECIRLE ADIÓS AL BASURERO, DEBE PASAR DE COMÚN A EXCELENTE.

Mirando hacia atrás, una de las razones principales por la cual me encontraba en el basurero era porque era una persona común. Mi mentalidad era hacer lo mínimo, o solo lo suficientemente bueno. Este tipo de mentalidad se desarrolla con el tiempo, a través de nuestra actitud, nuestra educación, y la gente con quienes andamos. Lo cierto es que mientras tomemos una postura común, nunca resaltaremos en los ojos de nadie.

CRIANZA

El ser común tiene que ver mucho con la forma en que nos criaron. Si lo que escuchó o vio a su alrededor fueron ejemplos de mediocridad, téngalo por seguro, esto le afecto y puede impedirle llegar al éxito.

Conozco personalmente de situaciones en la que padres le impiden a sus hijos que sean mejores que ellos. Algunos resisten si sus hijos aspiran con ir a la universidad, o abrir sus propio negocio. ¡Qué triste! Sin duda, eso afecta y programa a las personas a ser comunes.

MEDIOAMBIENTE

El medioambiente en el cual uno crece también juega un papel importante en nosotros. A la temprana edad de 10 años, mi padre nos trasladadaron de la iniguable isla de Puerto Rico, a la ciudad de Buffalo, Nueva York, una ciudad gis y fria. Ese gran cambio me hizo aprender muchas cosas: el futbol americano, el hockey, las alitas de pollo, y el "barrio." Antes de vivir en Buffalo, no tenía ni idea de lo que era el "barrio."

El barrio en el cual vivía era una comunidad llena de delincuencia, drogadicción, escuelas pobres, y un lugar donde no existian muchas oportunidades para los recidentes. Asistí a la Academia Bilingüe Herman Badillo, la única escuela bilingüe en la ciudad de Buffalo. Muchos de lo niños recien llagados de Puerto Rico asistían Herman Badillo.

Yo llegué al comienzo del quinto grado, y aunque tenía calificaciones bastante decente en Puerto Rico, me asignaron a una clase "especial" porque no podía hablar Inglés. El estar en un nuevo ambiente me afecto muchisimo. Tanto así, que me retrasaron un año academico.

Después de un par de años, mi padre nos trasladó a un vecindario un poquito mejor, y una nueva escuela, Waterfront School. Waterfront era un lugar único. La escuela tenia un filosofia de educacion bastanta avanzada y no se parecia en nada a Hernan Badillo. A pesar de que estaba a pocas cuadras del barrio, Waterfront era distinta tambien en la clase de estudiantes que cursaban en ella. La majoría de los estudiantes vivían de los suburbios cuyos padres eran profesionales y trabajaban en las oficinas en el centro, muy cerca de la escuela. Debido a su proximidad a las viviendas del gobierno para personas de bajo recursos, no tenían más remedio que también eseñar a los niños pobres.

Mi nueva escuela me encanto y tengo muy bonitos recuerdos, y amistades que me han durado toda una vida. Al mismo tiempo, tambien me toco pasar malas esperiencias. Nunca olvidaré mi profesora de ciencias del séptimo grado la cual nos llamo estúpidos a algunos de nosotros solo porque no dominabamos bien el Inglés. Esto puede tener un adverso en el autoestima de un nino en formacio.

Sin embargo, al mismo tiempo, gracias a Dios por profesores como el que tuve en Estudios Sociales, David Wagner, quien amaba y retaba a sus estudiantes a ser mejores, a trabajar fuerte, y a eliminar las escusas sin importar raza, color o idioma. Aunque el Sr. Wagner parecía tener un caracter fuerte (creo que había servido en la guerra de Vietnam), era tambien muy amable, paciente, y siempre tenía cosas positivas que decir.

La educación puede desempeñar un importante papel para influir en nuestro destino. El Sr. Wagner nos dijo en varias ocaciones que las limitaciones eran simplemente "mi*@da" (Perdone la expresion) y que no deberiamos permitir que formaran nuestra vida.

ACTITUD COMÚN

Una actitud común es la que le dice, "no se prepare tanto, que no trabaje tan fuerte, no arriesgue nada, no sea tenaz, no demuestre valentía." Esta es una mentalidad de "oveja," de un seguidor.

Una actitud común culpa a otros por sus derrotas, está satisfecho con el status quo, y son celosos del éxito de otras personas.

SI QUIERE SER UNA PERSONA DE EXCELENCIA, TIENE QUE CAMBIAR LA ACTITUD COMÚN.

Usted debe ser una persona implacable, con hambre por ganar, y nunca estar satisfecha. Una mentalidad excelente siempre quiere aprender más, ganar más, crecer más y dar más.

La excelencia es una actitud. Una actitud que dice: "estoy aprendiendo más," "estoy creciendo mas," "estoy mejorando en todo."

DIME CON QUIEN ANDAS…

Cuando pequeño, mi mamá siempre me decía, "Hijo, dime con quien andas y te diré quien eres." Ella tenia toda razón. El mantener un compañía adecuada es extremamente importante en lo que se refiere a la excelencia. Si nos pasamos constantemente con personas mediocres, mediocre seremos. De igual manera, si quieres ser una persona de excelencia, tenemos que caminar con personas de excelencia.

Un sabio anciano me dijo una vez, "Vive en Santa Comunión." Él no estaba hablando de religión. Se refería a lo importante que es rodearse de la personas adecuada. No me importa lo fuerte que cree ser, otras personas pueden y van a influir su forma de pensar y comportarse, para bien o para mal; para lo común o la excelencia.

Por desgracia, esto también puede aplicarse a tus seres queridos. A veces, su influencia es aun mas fuerte porque "tienen sus mejores intereses en su corazón." Pero si sus seres queridos también se encuentran en el basurero, no puedes esperar que lo ayuden a salir del suyo. Es imposible.

Esto también se puede aplicar a su jefe. A veces, la última persona con quien quiere compartir sus metas es su actual jefe. ¿Y que si tu jefe quiere mantenerlo donde se encuentra por sus propios intereses personales, porque no quiere verlo crecer, o siente que no tiene el lujo de perderlo?

Yo escribí parte de este libro en cafeterías y restaurantes, y hablé con un sinnúmero de meseros y meseras que me dijeron que sentían que estaban en un basurero porque estaban trabajando en lugares donde sus jefes solo los querían ver ahí. Un día hable con Jackie, la anfitriona en uno de esos restaurantes, y me dijo que estaba en uno de esos basureros, pero estaba pensando en hacer algo al respecto. Mientras ella me contaba su historia, su jefe paso por nuestra mesa, e inmediatamente cambió de tema. Cuando su jefe se fue, ella me dijo que el simplemente no quería que asistieran a la universidad.

RODEASE DE PERSONAS Y AMISTADES QUE LO HAGAN CRECER EN EXCELENCIA.

Tal como el rodearse de personas mediocres nos poder hacer mediocre, el rodearse de personas de excelencia nos puede hacer personas excelente. Alguien dijo una vez que nosotros somos el promedio de las cinco personas con quien pasamos la mayoría de nuestro tiempo. ¡Imaginase! Piense en las personas con quienes pasa su tiempo. La respuesta a esa pregunta puede explicar el porque piensa y actúa como lo hace.

Es por esa razón que es muy importante que seleccione bien con quien pasas tu tiempo. Asegúrese que sean personas de excelencia y de alto calibre.

Pregúntate:

- ¿Como se comporta la persona?
- ¿Como se expresa?
- ¿Como es su actitud?
- ¿Cómo es su ética laboral?
- ¿Le gusta aprender cosas nuevas?

Yo trato de acércame a personas que me ayuden crecer, mejorar, y sobresalir. Si es posible, trato de que estén en niveles mas avanzados que yo en todo aspecto. Esto hará que yo suba y no me mantenga en el mismo nivel. No me malinterprete, no me refiero a que me creo mejor que nadie, o que nunca me relaciono con otras personas. Lo que quiero decir es que para crecer, uno necesita pasar la mayoría del tiempo con personas que nos ayuden a llegar al nivel que queremos llegar.

SE EXCELENTE EN TODO Y NO SEA CONFORMISTA

Cualquier cosa que decida hacer, asegúrese de que sea excelente. Nunca se conforme con ser "promedio," "común" o meramente "lo suficiente." No se conforme con nada menos que ser excelente. Así es como se destacará y podrá salir del basurero.

SEA EXCELENTE EN TODO MOMENTO; LA EXCELENCIA NO TOMA DÍAS LIBRE.

A pesar de que siempre debemos estar agradecido por lo que tenemos y logrado, no debemos ser conformistas. No se conforme con lo que a logrado, porque el que se conforma deja de mejorar. El que se conforma pierde ambición y el deseo de alcanzar mas, quedando así atrapado en un nuevo basurero.

SIGA LA EXCELENCIA Y NO LA PIERDA DE VISTA.

En mi experiencia, para lograr ser excelente, es necesario crecer en las siguientes disciplinas:

1. Comunicación. El mejorar esta disciplina lo puede ayudar muchísimo. La comunicación es el poder dominar la lengua en todas sus formas:

- Leída.
- Escrita.
- Hablada.
- Lenguaje corporal.
- Gramática y vocabulario.
- Saber mas de un idioma.
- Aprender otro idioma.

2. Conocimiento. El aprender y el conocer son una parte esencial del éxito, y no tan sólo conocer, pero dominar la materia. En su libro, "Mastery" (Maestría,) Robert Greene opina que una persona necesita alrededor de 10,000 horas para dominar algo y convertirse en un líder en ese campo. Esa clase de conocimiento toma tiempo, pero le puede

beneficiar en gran manera porque se puede convertir en un experto de la materia. Invierta el tiempo necesario.

GANANDO IMPULSE PARA EL CAMBIO

Hace algunos años, enseñaba una clase de liderazgo titulada, "Enfocado en la Excelencia." Era una clase única en la cual compartía muchos de los mismos principios que he escrito en este libro. La gran mayoría de mis estudiantes eran minorías, los cuales históricamente no habían gozado de las oportunidades de crecer en sus carreras.

Durante dos meses, yo los entrenaba en principios de éxito, comunicación, y como hacer una presentación efectiva. El proyecto final era hacer una presentación en equipo ante el presidente y el vicepresidente de la corporación. En cada una de estas presentaciones, mis estudiantes tenían la responsabilidad de presentar una nueva idea para incrementar ingresos, ahorros, o como mejorar un proceso en un corporación.

Algunas de las ideas presentadas por mis estudiantes fueron adoptadas por los ejecutivos y fueron de gran éxito para la corporación. Era una gran alegría para mí ver a personas que al comienzo de la clase contaban con muy poca confianza en si mismos, y en sólo cuestión de semanas terminaban llenos de entusiasmo y confianza en sus nuevas habilidades.

¿QUE TAN ALTO ES EL UNIVERSO?

El crecer en excelencia no tiene fin, es como tratar de medir qué tan alto es el universo. La excelencia no tiene limite. Nosotros siempre podemos hacerlo mejor. En el momento que uno deja de crecer, es el momento en que vuelve a entrar en basurero.

LA EXCELENCIA ES UNA ACTITUD

La excelencia es una actitud, es una forma de pensar, es una forma de ser. Usted tiene que desarrollar la convicción de que no hará nada si no es con excelencia. Tenga una actitud de excelencia, y después comience a comportarse de esa forma.

La excelencia requiere disciplina en todo aspecto de la palara: como habla, como actúa, como hace las cosas, y como reacciona en momentos de dificultad. Para ser excelente tiene que seguir aprendiendo. Usted puede ser excelente, usted puede ser un persona de alta calidad, solo requiere cambiar su actitud y luego sus hechos.

7

MANTENIENDO EL IMPULSO

"Una forma de mantener el impulso es constantemente tener mayores metas."
Michael Korda

El desánimo, el miedo, los contratiempos, y la tristeza son parte de la vida, son parte de la jornada. Los tiempos difíciles siempre lo acompañará. Y aunque es importante reconocer cuando estos sentimientos están presentes en nuestras vidas, nunca debemos dejar que ellos detengan nuestro impulso. Una vez haya emprendido en esta nueva jornada, debe saber que también será acompañado por situaciones difíciles las cuales pueden detener su impulso y minimizar lo que ya a alcanzado.

El no mantener el impulso es como reducir la velocidad de un avión cunado recién despega, de seguro ese avión se estrellara. Así también puede suceder en nuestras vidas si detenemos el impulso que tomamos por salir del basurero.

La lección que aprendí después de salir del primer basurero es que siempre habrá otro basurero listo para recibirme. Si no tiene cuidado, si usted no está prestando atención, esos basureros detendrán su impulso.

Los sentimientos vienen y van. Los momentos malos vienen y van. Los pensamientos negativos vienen y van. Si aprende a reconocer que todas estas cosas son cíclicas, entonces no lo verá como obstáculos insuperables sino, más bien, como lecciones por aprender, como parte del proceso que tiene que enfrentar. Lo que tiene que hacer es seguir adelante.

"SIGUE ADELANTE"

Hace un tiempo, aprendí una lección muy importante con uno de mis hijos. Michael se había convirtió en una estrella de futbol americano en su primer año de la secundaria. Le llamaban "Flash" porque, aunque era pequeño de estatura y algo delgado en comparación con otros en su equipo, contaba con una velocidad relámpago, acumulando 1,000 yardas en esa primer temporada. Como padres, nosotros lo apoyamos y le proporcionamos todo lo que el necesitaba para ser exitoso. Su sueño era jugar fútbol americano universitario.

Al comienzo de su tercer temporada, durante el entrenamiento de primavera - diseñado para mantener el equipo en forma, sin mucho contacto - se fue a bloquear uno de sus compañeros de equipo, plantó su pie de una forma equivocada, escuchó un sonido extraño en su rodilla, e inmediatamente cayó al suelo.

Unos minutos más tarde, recibí una llamada de su entrenador. Con tan solo escuchar el tono y la preocupación en su voz, sabía que no era algo bueno. "Michael se lesiono y tienen que llevarlo a un doctor ahora," me ordeno el entrenador.

Inmediatamente fui a recogerlo y lo lleve a uno de los

mejores médicos deportivos en el sur de la Florida. En solo unas horas el médico, con tristeza y preocupación en su voz dijo: "Vas a necesitar una operación para reconstruir tu rodilla, y un año de descanso. Es muy probable que no vuelvas a jugar fútbol." Michael estaba devastado. Yo también sentía una gran agonía por él, y hubiera dado cualquier cosa para que estuviera bien.

Como padres, tuvimos que trabajar con mi hijo, ayudándolo a ver la vida en una manera diferente, y considerar nuevas posibilidades para su futuro. Lo que yo no quería era que este devastador revés detuviera el futuro de mi hijo.

CON CADA PUERTA QUE SE CIERRA, OTRA SE ABRE CON NUEVAS ESPERANZAS Y POSIBILIDADES, PERO NUNCA SE PUEDE ENTRAR POR ELLA A MENOS QUE NO ESTEMOS DISPUESTOS A SEGUIR HACIA ADELANTE.

Después de un tiempo, Michael se hizo un tatuaje con la frase "Sigue Adelante." Me sentí muy orgulloso con mi hijo. Me preguntaba a mi mismo, "¿De qué tengo que quejarme?" Mi hijo me enseñó que debemos centrarnos en lo que está en el otro lado de nuestros problemas, no en los problemas. Me enseñó que siempre debemos seguir avanzando y no detenernos.

MAS FUERTE QUE NUNCA

¿Qué hace usted cuando le toca enfrentar una adversidad? Especialmente, aquellas situaciones que están fuera de su control. A veces la vida tiene una manera inesperada de interrumpir nuestro progreso. Todos enfrentamos contratiempos, fracasos, problemas de salud, y las dificultades en nuestras relaciones.

¿Sabe que? Se necesita un mayor sentido de confianza en sí mismo, tenacidad, ingenio y la imaginación para prevalecer sobre esas interrupciones. Significa ganar un poco, perder un poco, y seguir adelante. Más fuerte que nunca.

Todo lo que tenemos que hacer es dejar ir el dolor y el temor y decir: "Tengo una vida por vivir, cosas que hacer, metas por lograr, y gente por conocer. Aquí vengo!"

Una vez que haya adquirido impulso, debe hacer todo lo posible por mantenerlo.

No se conforme. No se sienta cómodo. Empújese a si mismo. Retase a si mismo. Renuncie a todo lo que obstaculiza su impulso, no importa lo que sea.

"LO MÁS IMPORTANTE QUE PUEDE HACER PARA LOGRAR SUS OBJETIVOS ES ASEGURARSE DE QUE TAN PRONTO COMO LOS ESTABLEZCA, INMEDIATAMENTE COMIENCE A CREAR EL

IMPULSO PARA ALCANZARLOS." - Anthony Robbins

QUIERA LLEGAR MAS LEJOS

Cuando por fin decidí perder de peso el cual estaba, hice un plan de ejercicios y nutrición. Los primeros pasos me llevaron a perder cinco libras. Me pregunte a mi mismo. ¿Eso es todo lo que tengo que hacer? Ese primer triunfo me emociono a seguir retándome para poder llegar mas lejos. Eso es mantener el impulso.

Ese reto me llevo a perder cinco libras mas. Y cinco mas…y cinco mas. Yo tenia que perder bastante peso porque estaba horriblemente sobrepeso. Tenía que seguir el impulso. El retarme a mi mismo ha creado un estado de inconformidad en el cual siempre trato de ser mejor de lo que fui el día de ayer.

El retarme a mi mismo se convirtió en un habito. Ahora, eso no significa que sea perfecto. No lo soy. Hay días donde no hago mis ejercicios, pero siempre regreso a mis buenos hábitos, y me reto a mi mismo para lograr mas en el área mi salud.

PARA LOGRAR METAS AUN MAS ALTA, ES NECESARIO CREAR UN HABITO DE CONSTANTE MOVIMIENTO.

Las personas mas exitosas han entendido el principio del constante movimiento. Confíense todos los días: "No estoy donde quiero estar, pero voy en camino." "No gano el ingreso que quiero ganar, pero voy en camino." "No vivo en la casa que quiero vivir, pero voy en camino." "No tengo el titulo académico que quiero, pero voy en camino." " ¡Voy en camino, voy en camino, voy en camino!" Y sigua en movimiento.

Celebre y agradezca lo que ha logrado hasta hoy, pero no se conformes, sigua adelante. Hágase un reto personal para llegar mas lejos, volar mas alto, y para lograr mucho mas.

EL IMPULSO HACIA EL FUTURO REQUIRE UN POCO DE REFLEXIÓN

Nada alimentara su impulso como, de vez en cuando, y por un momento, detenerse y reflexionar en lo que ya ha logrado. No hay nada como el poder decir, "Pude lograrlo." O como yo lo hago, levanto mis brazos al aire y le doy gracias a Dios.

Cualquier impulso hacia el futuro requiere que reflexionemos en el pasado y reconozcamos lo lejos que hemos llegado.

Dese mi balcón puedo apreciar la bella vista de la bahía Biscayne en la ciudad de Miami. Es un paisaje espectacular. Desde ahí reflexiono lo lejos que he llagado desde aquellos días dentro de aquel basurero. Recuerdo que no hace mucho tiempo atrás, manejaba por estas mismas calles, mirando los altos edificios, y diciéndome a mi miso que un día yo también viviría ahí. Parece que a pasado una eternidad. Y, al mismo tiempo, el reflexionar en mi pasado, y en lo que he logrado, me inspira a seguir adelante, a preguntarme que mas puedo lograr.

Esa reflexión me deja saber que no hay nada que no pueda lograr, siempre y cuando esté claro en lo que quiero lograr, tenga un plan de acción, ejecute ese plan cada día, y me mantenga en movimiento no importe el obstáculo que se me presente en mi camino.

Yo estoy donde estoy porque me he mantenido en movimiento. Desde que la decisión de salir de aquel basurero, mi primer plan de acción, el aprender nuevas destrezas, lograr títulos universitarios, y todo lo que he logrado, todo a sido una decisión consiente y decisiva. No fue por accidente. Fue la decisión de nunca detenerme, de mantener el impulso.

Detenerme en cualquiera de esas fases hubiera detenido el impulso necesario para triunfar, me hubiera llevado a otra clase de basurero.

LOS BUENOS HÁBITOS CREAN IMPULSO

Ben Nicholas dice que, "Casi toda la vida es una rutina- aburrida- pero es la rutina lo que nos mantiene en movimiento." Son esos buenos hábitos, la rutina que implementamos para perfeccionar nuestro talento lo cuales sirven como escalones para llegar a la cumbre.

Hable con una actriz:

> Una de mis queridas amigas es la gran actriz mejicana Giovanna Del Portillo. Ella tiene un estupendo talento y ha participado en telenovelas y obras de teatro. Por su gran talento, Gio, es constantemente contratada para nuevos proyectos. Esa es la parte glamorosa de su trabajo. Ahora, la parte que nadie ve son las horas que pasa practicado su arte, las clases de actuación, las veces que trata de que le de una parte para actuar, pero contratan a otra artista. Nadie ve el sacrificio, sin embargo, Gio no se rinde, nunca para de perfeccionar su arte.

Habla con el atleta profesional:

> A mi me encanta ver deportes. Los deportistas son mucho mas fuertes, mas rápidos, mas agiles y, por supuesto, mas atléticos que la mayoría de nosotros. Los deportistas lo hacen ver fácil. Pero la realidad es ellos han dado sus vidas al deporte. Pasan largas horas en condiciones no deseada para estar listo cuando comience el partido. Los entrenadores y dueños de equipos saben que ellos les pagan a los deportistas por las largas horas de practica, y juegan los paridos de "gratis." Sin esas largas horas de practica y sacrificio, estos deportistas fueran como el resto de nosotros.

Habla con alguien en ventas:

> Mi hijo mayor es uno de los vendedores de autos

lujosos mas jóvenes y exitosos en el sur de la Florida. Sus amigos lo llaman "el niño asesino" porque constantemente rompe los records de venta, y lo hace con una cara angelical. Sin embargo la razón por la cual tiene éxito en ventas es por el simple hecho de que nunca esta satisfecho con sus ventas. Siempre desea ser aun mas exitoso. Es por eso que siempre se dedica a aprender mas acerca de ventas, pasa largas horas haciendo llamadas, y repasando los detalles de cada producto que vende. Esto lo hace constantemente, porque reconoce que es la única forma de triunfar una y otra vez.

PERO, Y QUE CON TENER SUERTE

A veces las personas exitosas son acusadas de "tener suerte." La razón por la cual muchos llegan a esa conclusión errónea es porque no ven las innumerables horas de preparación que llevó a esa persona a lograr el éxito.

LA VERDAD ES QUE NOSOTROS HACEMOS NUESTRA PROPIA SUERTE. LA SUERTE ES CUANDO LA PREPARACIÓN INTERCEPTA LA OPORTUNIDAD.

¿Quiere "tener suerte?" Asegúrese de estar listo cuando se presente las oportunidades a su vida. Pase el tiempo practicando, estudiando, aprendiendo, leyendo y siempre este listo cuando lleguen las oportunidades.

Recuerde, la mayoría de las personas van a optar por no pagar el alto precio del éxito. Así que, el hecho de usted enfocarse en la preparación que se requiere para llegar al éxito ya le da la ventaja. Usted es el que crea sus propia oportunidades. La actriz, el atleta, y el vendedor conocen la verdad: la "suerte" llego a sus vidas porque se concentraron en la excelencia, en preparase para que cuando las oportunidades llegaran a sus vidas, estuvieran listos.

NO ES SURTE, ES SACRIFICIO

Muchos me han dicho, " ¡Tu has tenido suerte!" Déjeme decirle algo acerca de mi "suerte": Yo tuve la suerte que desperté a tiempo y pude salir de aquel basurero maloliente. Mi suerte a sido despertarme a las 4:15 AM para prepararme y mejorar mis destrezas. Tengo suerte de que trabajo constantemente 14 horas al día para mejorar mi situación económica. Tengo suerte de que regrese para terminar mi escuela superior. Tuve suerte de poder sacar un título universitario, dos maestrías y un doctorado. Mi suerte es que siempre estoy aprendiendo y adquiriendo nuevas habilidades. Tengo suerte por los riesgos que he tomado. Tengo suerte de que nunca estoy satisfecho con mis propias habilidades y capacidades. Usted también puede tener esa clase de "suerte."

8

RESISTENCIA

"El ser resistente es ser capaz de superar lo inesperado."
Jamais Casio

Yo soy un fanático de las películas de Rocky. Me gustan porque es la historia de un perdedor en la vida el cual tiene la oportunidad de enfrentar al campeón, Apollo Creed. En la pelea entre Rocky y Apollo, Rocky fue derribado varias veces pero nunca se dio por vencido y resistió hasta el ultimo asalto de la pelea.

Rocky aprovechó la oportunidad de boxear contra Apollo Creed; su gran oportunidad había llegado finalmente. Nadie creía en Rocky. Incluso su propio entrenador no creía en él, llamándolo "tonto y vagabundo." Pero Rocky resistió y dio todo lo que tenía.

En la pelea Apollo pensaba que estaba a punto de ganar. Pero Rocky era otra clase de boxeador, había algo diferente en el. Rocky tenia resistencia. La resistencia es lo hace excavar en profundidad de su alma y no lo deja mantenerse en la lona cuando cae. Aunque Rocky perdió la pelea, ganó el respeto de todos, incluso el de Apollo Creed porque resistió hasta lo ultimo.

SI SE CAE SIETE VECES, LEVÁNTESE OCHO.

Siempre hay un sin numero de razones para darnos por vencido y quedarnos tirados en la lona. Créame, yo he estado ahí en muchas ocasiones. Yo me he caído tantas veces, que he perdido la cuenta. A lo largo de mi vida he tenido experiencias que me han derribado. Durante esos casos, ha sido fácil querer tirar la toalla. La vida, los errores, y las circunstancias lo van a derribar una infinidad de veces. Le toca a usted si se va a mantenerte tirado en la lona de la vida. La pelea no termina hasta que suena la campana final. Solo usted puede decidir si te vas a quedar derribado. Si se cae siete veces, levántese ocho.

ESPERE FRUSTRACIONES

El alcanzar grandes metas es extremadamente difícil. Hay una diferencia en escribir y planificar tus metas y el lograr las metas. Es raro que las cosas salgan como las planificamos. Si no estamos claros en lo que queremos lograr, será fácil permitirle a las frustraciones que nos detengan.

Para poder ganar tiene que recuperarte de ese "fracaso" y seguir caminando. No le hagas caso a las frustraciones de la vida

Las dificultades y retos son parte del proceso, no se desanime. Resista. No deje que las frustraciones lo encierren en otro basurero. No pierda el ánimo y siga adelante.

MANTENGA SU VISTA EN LA META FINAL

La resistencia es la capacidad de recuperarse después de

enfrentarse a situaciones difíciles. Es enfrentar los golpes de la vida, y no permitirle a nada ni nadie que se interponga a sus objetivos.

La resistencia nace en elegir tomar una actitud optimista. Es creer en sus sueños y en si mismo. Se trata de ser el dueño de sus emociones, y mantener una actitud positiva. El optimismo, la autoestima y el autocontrol son la esencia de una persona resistente.

CONTROL

Hay que entender algo: los malos momentos siempre serán parte de la vida. No hay manera de detener una enfermedad terminal, el ser despedido de un empleo, o de detener un desastre natural. En esos casos, no tenemos ningún control.

Lo que si podemos controlar es como vamos a responder. La resistencia nos permite sacudir el polvo se esos momentos difíciles, y seguir adelante. Cuando las cosas malas e inesperadas suceden, tenemos dos opciones, nos quedamos estancados en ese basurero, sintiendo lástima por nosotros mismo, o decimos: "Eso fue interesante. ¿Qué puedo aprender de ese momento difícil? Déjame encontrar una manera de salir y seguir adelante."

Siempre me a sorprendido ver el espíritu de resistencia que tienen las personas y comunidades que han tenido que enfrentar una catástrofe en sus vidas y comunidades. Esa actitud de resistencia es lo que los ayuda y permite levantarse aun con mas fuerzas y determinación. Algo que todos nosotros podemos aprender de ellos.

Para llegar a ser una persona con resistencia, uno debe saber cómo controlar sus emociones. Siempre tenga en cuenta que aunque hay muchas cosas de las cuales no tenemos absolutamente ningún control, si podemos aprender a controlar nuestros sentimientos y emociones.

El mantener nuestras emociones y sentimientos bajo control nos ayuda a crecer como personas y nos da aun mas fuerzas para enfrentar cualquier problema que se nos presente. Es cuestión de tomar control y girar lo negativo a lo positivo.

Practique esto todos los días: tome la energía detrás del temor, la ira, la arrogancia, y haga todo lo contrario. Convierta toda esa energía en algo útil. Torne la frustración en entusiasmo, el temor en valentía y la ira en la dulzura.

LA CLAVE ESTA EN RESISTIR LA ENERGÍA NEGATIVA QUE NO LE AYUDA A LOGRAR SUS METAS, Y TORNARLA EN UNA FUERZA Y COMBUSTIBLE PARA EL BIEN.

Las personas que tienen resistencia siempre buscan una forma de llegar a su destino; siempre optan por aprender de cada experiencia. Tomemos, por ejemplo, los siguientes:

Michael Jordan no formo parte del equipo de baloncesto de su escuela en su primer año debido a que "no era lo suficientemente bueno." Ese rechazo le dio a Michael Jordan el combustible necesario para mejorar sus habilidades, y quiso demostrarle a su entrenador que el "había cometido un gran error." Michael Jordan se convirtió en el mejor jugador de baloncesto de todos los tiempos.

Después de iniciar su pequeña empresa en el garaje de sus padres y trabajar muy duro durante más de una década, Steve Jobs fue despedido de Apple debido a que lo consideraban demasiado "imprudente e impulsivo." Según algunos expertos, su carácter simplemente no encaja en el molde de un corporación "Fortune 500."

A los 30 años de edad, quedó fuera de la empresa que había fundado. Steve Jobs dijo que pensó darse por vencido y salir huyendo de aquella ciudad. Sin embargo, Jobs resistió, continuo haciendo lo que el amaba y siguió buscando nuevas formas que pudieran contribuir en el campo de la tecnología. Una década más tarde, Jobs fue nuevamente contratado por Apple, la cual estaba a punto de irse a la quiebra, y pudo hacer que Apple se convirtiera en una de las corporaciones mas exitosa en la historia. Eso solo lo logra una personas con resistencia.

Randy Pausch, fue un joven profesor en la universidad MIT, y gozaba de un increíble éxito cuando fue fuertemente golpeado con cáncer del páncreas. El doctor le informo que solo contaba con solo meses de vida. La noticia fue un golpe devastador. Sin embargo, el Dr. Pausch tomó aquella noticia y decidió tornarla en un momento de aprendizaje, dando una última conferencia. En esa conferencia, el Dr. Pausch dijo que los obstáculos, reveses y oposiciones que enfrentamos son como el golpear una pared de ladrillo. El dijo, "Las paredes de ladrillo están ahí por una razón. No están allí para mantenernos a nosotros fuera. Las paredes de ladrillo nos dan la oportunidad de mostrar lo mucho que queremos lograr algo. Las paredes de ladrillo están ahí para impedirle a aquellos que no quieren lograr las cosas como usted y yo queremos lograrlo. Los obstáculos están ahí para detener a otros."

Las personas que tienen resistencia increíblemente, vencen el fracaso, el estrés, el temor, el rechazo, las limitaciones, los contratiempos, y cualquier tipo de adversidad. Son capaces de golpear una pared de ladrillo y seguir adelante.

LOS QUE RESISTEN, AL FINAL GANAN

La tasa de fracaso para empresas nuevas es astronómica; sólo el 4 por ciento de todas las empresas cumplen el quinto aniversario. Para la mayoría de las personas, ese tipo de fracaso significaría darse por vencido. Sin embargo, las personas con más éxito han fracasado varias veces antes de triunfar. La lista de personas que han fracasado antes de triunfar es impresionante:

- Walt Disney fue despedido por el editor de un periódico por no tener buenas ideas o imaginación.
- Tomas Edison es famoso por haber fracasado 10,000 veces tratando de inventar el foco.

- Fred Smith, fundador de la empresa FedEx, tuvo un profesor en la universidad que le dijo que su idea para la corporación "no era viable."
- Oprah Winfrey, fue despedida como reportera de noticias en Baltimore.
- Steven Spielberg fue rechazado de la escuela de cine tres veces antes de conseguir su primera oportunidad.
- Coronel Sanders tenía 56 años cuando fundó Kentucky Fried Chicken.
- Henry Ford comenzó dos empresas de automóviles las cuales fracasaron antes de tener éxito con Ford Motor Company.

Y esto es sólo una pequeña muestra. La clave es resistir, aprender del fracaso y volver a intentarlo, una y otra vez, y otra vez.

9

MENTORES, SOCIOS, Y "ENTRENADORES"

El mejor maestro no es el que sabe mas, pero el que es capaz de reducir el conocimiento a ese compuesto obvio y magnifico.
H.L. Mencken

En los pasados capítulos e repetido en varias ocasione que el salir del basurero es algo profundamente personal. El primer paso, esfuerzo, y determinación es suyo. Requiere aplicar su propia fuerza de voluntad y tomar acción para cambiar su propio rumbo. Es uno mismo el que se tiene que esforzar para alcanzar las metas. Significa diseñar, escribir, y seguir detalladamente nuestro un plan de acción. Y muchas veces, tenemos que hacerlo solos.

Ahora bien, quiero decir algo que también es sumamente importante: Todos necesitamos de otras personas para poder salir de algunos basureros. Una vez usted haya realizado algunos cambios en su vida y comience a tener éxito personales, esto atraerá otras personas las cuales le guiaran y ayudaran a alcanzar un nivel mas alto. El éxito atrae mas éxito. Esto es porque todos queremos ser parte de algo o alguien exitoso, ser parte de un equipo ganador.

NECESITAMOS DE OTRAS PERSONAS PARA LLEGAR A LA CIMA

Entre mas alto suba, se dará cuenta que el salir de otra clase de basureros a veces requiere la asistencia de otras personas. El llegar a la cima y alcanzar nuevas metas aun con mas rapidez conlleva asociarse con personas que quieran lo mismo en sus vidas, y tengan la experiencia que quizás usted carece.

Por esa razón es que quiero ahora hablar acerca de la importancia de tener mentores, entrenadores, o socios para poder alcázar aun mas éxito. Afortunadamente, yo he tenido estas tres clases de personas en mi trayectoria. Desde el comienzo, hasta el día de hoy, los tengo. Estos tres son un poco diferentes entre sí, así que permítame explicarle.

ENTRENADORES

La palabra clave para un entrenador es "tarea."

¿Qué es exactamente un entrenador? Todos témenos la noción de lo que es un entrenador, sea un entrenador de fútbol, natación, o pista y campo. O lo que es un entrenador vocal, de drama, o de actuación.

El entrenador es una persona que nos da tareas para poder perfeccionar nuestras destrezas y fortalecer nuestras debilidades. Un buen entrenador esta completamente enfocado en que tengamos mas éxito.

Es alguien que es un experto en un área o disciplina específica, y la persona la cual comparte con usted todo lo que él o ella sabe sobre ese campo.

¿Que es lo que usted quiere lograr? ¿Qué clase de experto usted se quiere convertir? No importa lo que sea, tarde que temprano va a necesitar alguien que sepa mas y tenga mas experiencia que usted.

Algunos entrenadores son gratuitos, pero un buen entrenador le va a costar; le va a costar tiempo, esfuerzo, y dinero. No hay otra forma. Pero si usted desea llegar a un nivel mas alto de éxito, no importa, estará dispuesto a pagar lo que sea. ¿No es cierto? Si yo le digo, "escuche y aprenda de este entrenador y se convertirá en un campeón, millonario, un gran artista, una autoridad en su campo," usted con mucho gusto estaría dispuesto a todo.

He tenido la fortuna de conocer grandes entrenadores en mi carrera. Uno de los mejores entrenadores que he tenido fue John. John estaba a punto de retirarse de la posición que la cual yo estaba asumiendo como decano de una Universidad Corporativa, y contaba con más de 30 años de experiencia. Cuando fui contratado para asumir su cargo, John se quedó seis meses para "enseñarme a navegar aquellas nuevas aguas." Su entrenamiento no tenia precio, y me ahorró muchos años de aprendizaje y errores. John me enseñó la estructura política de la organización, dónde se encontraban los peligros, cómo evitar las trampas comunes y, lo que es más importante, cómo tratar con mi jefe. Comenzar un nuevo empleo puede ser fatal si no entendemos el territorio.

Sin embargo, el tener un gran entrenador como John me encamino hacia una exitosa y fructífera carrera.

Permítame unas palabras de sabiduría:

No se queje si su entrenador le cuesta dinero. Aunque en el caso de John, no tuve que pagarle nada, en otras ocasiones he tenido que pagar. Los mejores entrenadores del mundo, cobran. Si somos honestos, cuando las cosas no nos cuestan nada, no tendemos a apreciarlas. Y aquí está la principal razón por la cual es mejor cuando usted paga algo: usted la da mas valor a la relación. Usted está invertido "X" cantidad de dinero en participar de un programa que lo llevara a otro nivel. Siempre tenga esto en mente. No es un costo, es un inversión.

Yo probablemente he invertido mas de $ 200,000 dólares americanos en mi preparación, incluyendo entrenadores, ministros, hombres y mujeres de negocios, y profesores.

Otro de mis entrenadores fue el doctor Dana Mills. Cuando estaba terminando mi tesis doctoral, envié un borrador para que el Dr. Mills lo revisara. Para mi sorpresa, no me respondió. Intente contactarme con el por varios días, sin tener suerte alguna. Después de algunas semanas, volví a contactarme con el, esta vez muy frustrado y molesto por su falta de comunicación. Su respuesta fue impresionante: "Francamente, Reggie," comenzó diciendo, "lo que sometiste está tan por debajo de tus habilidades, y mi tiempo, que ni siquiera vale la pena que yo comente nada al respecto."

¡Yo estaba furioso! ¿Pero sabe que? El Dr. Mills tenía toda la razón. Lo que presenté no era más que una montaña de basura, y pensé que podía salirme con las mías. Yo merecía escuchar aquellas palabras honestas y contundentes de mi entrenador. Ese tipo de desafío fue el empujón que necesitaba para poder completar mi doctorado. Un buen entrenador siempre lo llamará a capitulo. Los mejores entrenadores lo ayudarán a cristalizar su visión, fortalezas, y habilidades, y siempre le dirán la verdad.

MENTORES

La palabra clave para un mentor es "relación."

Mentores toman un interés más profundo en usted. Un mentor nunca empujará su propia agenda, mas bien, le guiará en el desarrollo de la suya.

"LOS MENTORES TIENEN UNA MANERA DE VER MÁS ALLÁ DE NUESTROS DEFECTOS DE LO QUE NOS GUSTARÍA. ES LA ÚNICA FORMA DE CRECER." - George Lucas

Un mentor ha caminado un viaje similar al suyo y le puede ayudarlo a alcanzar mucho mas. Ellos también han salido de tantos basureros personales, económicos, familiares, y profesionales, y no hay nada que los sorprenda. Es por eso que tienen tanta sabiduría de la cual podamos beneficiarnos.

Usted puede buscar un mentor a largo o corto plazo. Usted podría llamar a esta persona un "veterano" que está dispuesto a escucharle y guiarlo. Un mentor siempre esta buscando dejar un legado, depositar su experiencia en otros que la lleve hacia delante mucho tiempo después que ellos dejen de existir.

Cuando yo estaba comenzando en el mundo corporativo después de ser un ministro por muchos años, encontré un mentor con mas de muchos años de exitosa carrera en el mundo corporativo en una empresa multibillonaria. El como yo, también fue el primer estudiante universitario en su familia, así que tuvimos una conexión personal. El fue la persona responsable de que yo tuviera éxito en mi transición en el mundo corporativo.

Otro de mis mentores fue el ingeniero Santos. Este individuo es un ejecutivo en la organización de un exitoso empresario. El lo puso al frente de unas de las corporaciones que había adquirido en los Estados Unidos la cual estaba a punto de cerrar sus puertas. Con su guía, la capacidad de construir equipos de éxito, y el liderazgo del ingeniero Santos, hoy la empresa disfruta de un tremendo crecimiento económico.

Tuve el privilegio de conocer al ingeniero Santos por medio de mi entonces supervisor. El rápidamente se dio de cuenta la calidad de mi trabajo y, después de un tiempo, y adopto se convirtió en mi mentor. Varias veces a la semana me invitaba a su oficina de lujo con un espectacular vistas a la ciudad, y tomaba tiempo de su apretada agenda para aconsejarme en todo, desde asuntos de negocios a personales. Me recordaba constantemente la importancia de la autodisciplina, el trabajar duro, la acción decisiva y la buena ejecución.

Este mentor ha sido un gran motivador en mi vida, ayudándome a como desarrollar un plan de éxito profesional en mi vida. Recuerdo la primera vez que me llamó "Doctor", tres años antes de que yo obtuviera mi título. Yo solía decirle que no me llamara así porque todavía no me lo había graduado. Sin embargo, esas palabras me inspiraron para terminar mi título porque sentía que no podía decepcionarlo.

La relación que hemos desarrollado realmente se ha convertido en una calle de dos vías, y ha florecido más allá de su oficina. Las lecciones que he aprendido de mi mentores han sido muy valiosas.

SOCIOS

La palabra clave para socios es: "juntos."

Los socios son invaluables. Son personas que comparten ideas similares a las suyas, y quieren ayudarle a lograr las mismas metas.

Los socios poseen diferentes habilidades y experiencias, y son exactamente las personas que necesitamos para poder superar nuestras debilidades.

Estoy agradecido de haber podido encontrar socios de diversas personalidades, habilidades y educación que han ayudado a dar forma a la persona que soy hoy. Aunque a veces no siempre nos llevemos bien, nos empujamos hacia delante para juntos llegar a la meta.

Los socios deben ser personas de confianza, porque siempre necesitamos alguien que cuide nuestras espaldas. La verdad es que no estaría donde estoy ahora si no fuera por socios en mi vida.

Unas de las mejores ejemplos de que significa tener buenos socios lo aprendí observando a mi hijo menor. Ryan, era parte del mejor equipo de jóvenes militares (JROTC) en el estado de la Florida, y el quinto mejor en los Estados Unidos. Lo interesante era que otros equipos con los que compitieron tenían jóvenes que parecían más grandes, más rápidos, más fuertes y más ágiles. Recuerdo ir a algunas competencias y decirme a mi mismo, "¡Estos pobres muchachos no tienen un chance en esta competencia!"

La razón por la que fueron tan exitosos como equipo era porque pasaron de ser compañeros de equipo se convirtieron en "panas." Los panas tienen una estrecha relación; velan el uno por el otro; se animan mutuamente; y también tienen fuertes confrontaciones porque quieren lo mejor por el otro pana. Fue esta clase de relación lo que le dio tanto éxito a este grupo de socios.

Es extremadamente importante buscar los socios (panas) que velen sus espaldas. De no ser así, puede costarle mucho. Adoptar los socios equivocados pueden llevarlo a la quiebra. Los socios pueden hacer o romper sus planes para el éxito.

El socio ideal:

- Comparte su misma visión.
- Posee el mismo impulso y entusiasmo para alcanzar el éxito.
- Tiene la misma dedicación para alcanzar sus objetivos.

DE, RECIBA, Y DE OTRA VEZ

La mayoría de los mentores, entrenadores y socios exitosos son personas muy ocupadas, y por lo general, no tienen mucho tiempo libre. Sus agendas están llenas de correos electrónicos, llamadas telefónicas, reuniones, llamadas de ventas, eventos de negocios, charlas, lectura, escritura, y un sinnúmero de otras actividades.

Esta es la razón por la cual, si tiene la fortuna de encontrar buenas personas que lo ayuden, nunca los hagas perder el tiempo. Ponga esfuerzo, haga sus tareas, muestre curiosidad y, lo más importante, contribuya a la vida de esas personas.

Este tipo de personas no van a ayudarlo a largo plazo si sienten que usted no esta poniendo de tu parte, o si perciben de que están perdiendo el tiempo trabajando con usted. Así que, aporte a sus vidas como ellos aportan a la suya.

Siempre pregúntese que es lo que usted puede dar a cambio a esas personas:

- ¿Es uno o más de sus contactos?

- ¿Conocimiento en su área de especialidad?
- ¿O quizás proveer una perspectiva distinta a la de ellos?

No sólo tome y tome de ellos. De a cambio todo lo que pueda. De tanto o mas de lo que recibe de sus entrenadores, mentores, y socios. Hónrelos con toda su atención, un oído atento y la disposición abierta a aprender de ellos.

ENTRENADORES, MENTORES, Y SOCIOS VIRTUALES

¿Qué pasa si no conoce ni tiene contactos que puedan convertirse en sus entrenadores, mentores o socios? Esta es una buen pregunta. La verdad es que, en al comienzo de mi jornada fuera del basurero, yo tampoco tenía o conocía a esta clase de personas. Con el tiempo aprendí una gran lección: los entrenadores, mentores y socios llegan a nuestras vidas una vez hemos ganado un poco de credibilidad. Esos tempranos éxitos eventualmente atraerán a las personas que se convertirán que necesitas para alcanzar tu éxito.

Aunque carezca de ellos, usted no tiene excusa para no encontrar entrenadores, mentores y socios los cuales puedan ayudarle desde hoy. Algo que puede hacer ahora mismo es lo que yo, y muchas otras personas que conozco, han tenido que hacer: encontrar entrenadores, mentores y socios virtuales.

La tecnología de hoy le permite conectarse con los mejores entrenadores, mentores, y socios del mundo. Conozco a personas que tienen a Anthony Robbins como entrenador, sin embargo nunca lo han conocido. Otros tienen mentores "remotos" (en línea o virtuales).

Hay muchos expertos en cualquier campo que a menudo crean programas de entrenamiento disponibles para descargar en la Internet, o que viajan a las grandes ciudades para celebrar seminarios en vivo. Usted no necesita una introducción para tomar clases en línea, leer sus libros, ver sus entrevistas o charlas, escuchar sus programas radiales o comprar sus programas de entrenamiento. Sólo requiere acción de su parte para comenzar a aprender de ellos.

En el lado de la salud, mi primer entrenador fue el empresario de salud y programas de ejercicios Mike Karpenko. Mike fue la persona que me inspiró a perder peso, y salvó mi vida. Nunca he tenido el placer de conocerlo, sólo lo he visto en la televisión y por las redes sociales. Después de comprar su programa de ejercicios, pasé 180 días con Mike, todas las mañanas, sin falta. Aprendí mucho de Mike. Él fue un inspirador, motivador, me desafiaba todos los días, era muy divertido, y era un verdadero entrenador para mí.

Dediqué mi tiempo en escuchar sus consejo, aprender de su experiencia, y practicar lo que él decía. Como todo un buen entrenador, Mike se me metía en mi cara y me pedía que sacara aun más fuerzas de donde no tenia para alcanzar mis metas. ¿Y adivine qué pasó? ¡Funcionó! Perdí mucho peso y pude lograr llegar a tener una vida mas saludable. Siempre estaré agradecido a Mike y su compromiso de compartir su pasión y experiencia conmigo (o con cualquiera que quiera seguir sus consejos). Sígalo en

Instagram y Twitter: @ mikekarpenko.

Una mentora de negocios que encontré fue la empresaria de Miami, Kristina Delgado. Kristina una abogada de profesión, encontró una nueva vocación ayudando a que personas pudieran alcanzar sus objetivos de salud y negocios mediante los programas de Beachbody. Kristina ha logrado un gran éxito utilizando las redes sociales y eventos en vivo.

Kristina constantemente demuestra un gran carisma, pasión por las personas, y tiene una personalidad infecciosa. Sin duda, Kristina ha sido una gran mentora para mí, aunque nunca he hablado con ella. Repito, no es necesario que conozca a alguien personalmente para poder aprender de ellos. Puede seguirla en Instagram: @kristina_delgado.

Nuestro tiempo en el planeta Tierra es limitado. No tenemos todo el tiempo para aprender y experimentar todo por nosotros mismos. El tener socios, mentores y entrenadores es una gran forma de ahorrar tiempo. Los entrenadores, mentores y socios virtuales están a su alrededor. Búsquelos.

10

AYUDANDO A QUE OTROS SALGAN DEL BASURERO

"Mas bienaventurado es dar que el recibir."
Jesucristo

No hay mejor sensación como el ser capaz de salir de los basureros de la vida. Esto es especialmente cierto cuando, trabajando duro, con mucho coraje, y con una gran determinación somos capaces de salir y vivir la vida de nuestra elección. El ver nuestros sueños hecho realidad es algo que no se puede explicar con palabras. Hay que vivirlo en carne propia.

Dicho esto, tengo le tengo una advertencia:

LOS LOGROS, NO IMPORTA QUE TAN GRANDES SEAN, NO SATISFACEN A LARGO PLAZO.

Una vez usted aprende las "reglas del juego," el salir de cualquier basurero que le aparezca, es casi un hecho. No importa que tan profundo sea. Pero hay un gran peligro si todo lo que hacemos es centrarnos solamente en nuestros propios logros, éxito, y metas. Con el pasar el tiempo, se sentirá vacío. Nunca sentirá plena felicidad y satisfacción.

ES MEJOR DAR QUE RECIBIR

Hay un antiguo principio bíblico que me ha ayudado a mantener las cosas en perspectiva. Jesús dijo una vez: "Es mejor dar que es recibir ..." ¡Recibir es grande! Piense en la última vez que recibió algo bonito. ¿Cómo se sintió? ¿Feliz, emocionado, agradecido, especial?

Bueno, este principio bíblico enseña que es mucho mejor dar que recibir. Al dar (o devolver), usted proclama al Creador que está agradecido por lo que ha sido capaz de lograr. Usted reconoce que - no importa lo duro que haya trabajado y sacrificado – todo esto ha sido posible debido a lo que otros le dieron - tiempo, energía, conocimiento, apoyo emocional, y así sucesivamente - para que pudieras llegar donde estás hoy.

Gracias a Dios, yo he podido salir de mis basureros personales, económicos, emocionales, y relacionales. He podido viajar, conduzco el coche de mis sueños, y vivo en un condominio moderno en el medio del centro de Miami con una vista multimillonaria. Hoy disfruto de espectaculares amaneceres y puestas de sol, restaurantes, y he podido conocer a gente fascinante.

No obstante, todo eso se queda muy corto a la satisfacción que siento al poder dar a otros. ¡Todo! Una vez se de cuenta que está en un basurero, tome la decisión de salir de ellos y tenga éxito grandes y/o pequeños, tome el tiempo de ayudar a otros a salir de los suyos. ¡Es mucho mejor dar que recibir!

MI MISIÓN

Muchos me preguntan que de donde sale mi motivación y satisfacción. Es muy simple: provienen de mi misión de inspirar y ayudar a otros a salir de sus basureros. Mi misión es ayudar, motivar, y aconsejar a otras personas para que ellos también se encaminen hacia el éxito. No hay nada que me llene mas que el invertir tiempo, talento, conocimiento, y dinero en otros. No hay nada como ser capaz de decirle a alguien, "Tienes potencial." "Voy a ti." "Tu puedes."

Si usted salió de su basurero, ahora conviértase en un instrumento de motivación e inspiración para otras personas. Sea la inspiración que otros buscan. Conviértase en un ejemplo de posibilidades y éxito para otros.

Ayudar a otros a que crean en si mismos, y en el potencial el cual Dios les a dado, es emocionante. Una de las maneras que utilizo para ayudar a otros salir de sus basureros es a través de la educación y el autodesarrollo. Creo firmemente que la educación y el autodesarrollo son más importantes que nunca.

Ahora, no le estoy diciendo que tiene que invertir $200,000 americanos, como yo lo hice. Incluso, la formación y la educación son esencialmente gratis hoy en día. No existe excusa para no mejorar nuestro entendimiento y conocimiento. Puedes acceder a YouTube, Facebook, Google, e iTunes University, es muy probable que el comenzar no le cueste nada. Puede buscar en línea programas gratuitos en áreas muy avanzadas en las mejores universidades del mundo.

Mi misión tiene que ver con la educación por que, cuando apenas era un adolecente, la abandoné. Pensé que la educación formal no era para mí. Pensé que podría alcanzar el éxito sin una educación formal como otros lo han logrado.

UN NIVEL MAS ALTO

Hoy, si usted se sienta en una de mis clases universitarias, escuchará el mismo discurso de apertura que he repetido en todas mis clases desde en 2009: "Señoras y señores, ¿saben qué me ha motivado a ir lo más alto que pude en educación? Un solo número: 1,68 por ciento. ¿Sabes lo que significa ese número? Ese es el número total de latinos en los Estados Unidos con un grado avanzado en cualquier disciplina. ¡Alarmante!" Esa cifra me deja saber que tengo mucho trabajo que hacer, que hay millones de personas en mi comunidad que necesitan ser inspirados para puedan alcanzar un nivel más alto. Ese porcentaje me da una razón para enseñar, hacer discursos, escribir, entrenar y ayudar a que mi gente salga del basurero.

VIVA SU LLAMADO

Imagínese por un instante si cada uno de nosotros aportáramos para que otros salieran de sus basureros. La realidad es de que todos nosotros podemos hacer que este mundo sea mejor. Ahora, antes que diga que no tiene que aportar a la vida de otra persona, permítame corregirle y decirle que si tiene mucho que aportar. Usted decide que es lo que aportara- tiempo, dinero, un oído atento, un abrazo, una sonrisa.

Dana Arcuri dijo lo siguiente: "Nuestro trabajo en la tierra no es criticar, rechazar o juzgar. Nuestro propósito es ofrecer una mano amiga, compasión y misericordia. Debemos hacer por otros lo que nos gustaría que hicieran a nuestro favor." No hay nada mas bonito que vivir nuestro llamado de amar y ayudar a nuestro prójimo

Al final del día, nuestro llamado debe ser ayudar a otros a salir de sus basureros. Algunos no saldrán . A otros les llevarán más tiempo. No deje que eso lo desanime y le quite el gozo de seguir ayudando a otros. Yo estoy agradecido por lo paciente que muchos han sido conmigo, que creyeron en mí, y nunca se rindieron por ayudarme.

ENCUENTRE UNA DOLENCIA Y CÚRELA

El mundo se ha convertido en un horrible basurero para muchas personas. Usted puede verlo a su alrededor. Encienda su noticiero favorito y verá actos de terrorismo, guerras, conflictos, crisis económicas, horribles desastres naturales y muerte sin sentido. La lista es extremamente larga.

La pregunta que siempre me hago es: "¿Vas a ser parte del problema o la solución?" Los problemas son inmensos, y el elegir de ser parte de la solución no es difícil, pero vale la pena.

El Rev. Dr. Robert H. Schuller lo expresó de esta manera: "Quienquiera que tenga éxito está ayudando a la gente. El secreto del éxito es encontrar una necesidad y llenarla; Encontrar una dolencia y curarla; Encontrar un problema y resolverlo." Encuentre un área problemática, y traiga o sea la solución a ese problema. No importa que tan grande o pequeño sea.

NECESIDADES

Hay tantas necesidades en nuestro mundo. Hambre, sed, desnudez, adicciones, olvido, soledad, rechazo, encarcelamiento, hospitalización, falta de guía, falta de amistad, falta de comprensión, falta de conocimiento, etc.

En vez de quejarnos y cruzarnos de brazos, escoja una de esas necesidades y llénela. ¿Existe necesidad de voluntarios en su escuela local? ¿Existe la necesidad de tutores de matemáticas? ¿Existe la necesidad de entrenadores deportivos? ¿Existe la necesidad de mentores de negocios? ¿Existe la necesidad de que otros aprendan inglés? ¿Existe la necesita ayudar a los jóvenes a encontrar su vocación? Encuentre una necesidad y llénela. Hay algo que todos y cada uno de nosotros podemos hacer para llenarla.

Cuando mis hijos eran más jóvenes, recuerdo que me ofrecí voluntariamente en su escuela dondequiera que pudieran usarme. Me hacia disponible. Esa es la clave: estar disponible. Diciendo: "Aquí estoy. "¿En que puedo servir?" A veces era ser miembro del consejo. A veces era caminar a los niños de un aula a la otra. A veces era simplemente jugar futbol con los niños en el patio de la escuela a la hora de recreo (una de mis especialidades!). Mire a su alrededor y sirva en lo que sea necesario.

DOLENCIAS

Mire a su alrededor, hay un sinnúmero de personas pasando dolor, emocionalmente, financieramente, físicamente y espiritualmente. Estos son "los heridos ambulantes" y no hay que ir tan lejos para encontrarlos.

Todos hemos estado allí – quizás tuvimos un tiempo en nuestras vidas cuando el dolor era tan severo que queríamos morir. Sin embargo, en nuestro momento de dolor, a lo mejor, alguien vino a nosotros y nos echó los brazos, nos llevó a comer, nos dio un libro para leer, o se sentó a escucharnos. Lo bonito que se siente cuando alguien esta ahí en nuestro momento de dolor, ¿verdad?

Durante años mi hija, Lindsy, se ha ofrecido voluntariamente. Ella ahora sirve como líder para "*Relay for Life*" (Relevo por la Vida), una organización que está ayudando a encontrar una cura para el cáncer. Siempre me ha inspirado ver su pasión, impulso y dedicación para ayudar a los que están sufriendo. Sin embargo, ella es sólo una persona, y esa es sólo una organización. Mi hija esta comenzando a vivir, no tiene mucho conocimiento o recursos financieros, pero tiene tiempo, amor, y la disposición de unirse a otros para recaudar fondos para encontrar la cura. Así como esa organización, existen miles. Y todas necesitan voluntarios. Conviértase en parte de la cura para las dolencias a nuestro alrededor.

CONCLUSION

"Cada nuevo nivel en su vida requiere un nuevo usted."
Anónimo

El basurero no discrimina. El basurero no respeta edad, sexo, religión, trasfondo o cualquier otra etiqueta que pueda nombrar.

Los momentos en el basurero comienzan en su cabeza, pero, lamentablemente, no se quedan allí. Si no tiene cuidado, esos momentos en el basurero afectaran otras áreas de su vida. Recuerde, cualquier cosa que limite que usted llegue a un nivel mas alto, es un momento en el basurero.

El hecho de que quizás se encuentre en un basurero, puede ser buena noticia para usted. Esto significa que puede usar ese momento para crecer, para impulsarse a un nivel aún mas alto. Usted está a cargo de ese momento, usted es el jefe, el conductor, y esto significa que puede cambiar el rumbo de su vida. Usted tiene todas las herramientas necesarias para salir de esa situación, y a un Dios que lo ama.

Como yo me he preguntado una y otra vez, su primer pregunta puede ser la misma: "¿Qué va a hacer al respecto?" ¡Hoy! En este momento. Recuerde, Dios lo ha llamado para un gran propósito, y quiere que usted viva su destino.

Las pruebas, los problemas y otros momentos en el basurero son una gran escuela, y nos puede ayudar a crear carácter, determinación, fe, y coraje. Todo tiene que ver con su perspectiva y mente. Solo usted puede decidir el triunfar, o el darse por vencido y salir de esa situación.

¿Por qué no se decide crear de ese momento en el basurero, un momento divino ... un momento decisivo ... un momento de cambio ... un momento milagroso. ¡Usted puede! Proclame que desde hoy en adelante esta "¡Fuera del Basurero!"

SOBRE EL AUTOR

El Dr. Reggie Padín es un optimista, visionario, educador, empresario, escritor, entrenador ejecutivo y ministro ordenado. Sus credenciales académicas incluyen una maestría en divinidades, una maestría en administración de empresas, y un doctorado en educación. Cuando no esta inspirado y entrenando a otros a salir de "sus basureros," probable está asistiendo un concierto, un evento deportivo, probando un restaurant nuevo, o estudiando. El Dr. Padin reside en Miami, FL.

¡Sígalo!
www.reggiepadin.com
Instagram: @dr.reggiepadin
Facebook: @dr.reggiepadin
Twitter: @drreggiepadin

www.ingramcontent.com/pod-product-compliance
Lightning Source LLC
Chambersburg PA
CBHW051804040426
42446CB00007B/513